高等职业技术教育"十四五"规划建设项目

导游才艺

(智媒体版)

主　编　钟　莹　刘　琳
副主编　韦美玉　陈海燕

微　课

西南交通大学出版社
·成　都·

图书在版编目（CIP）数据

导游才艺：智媒体版 / 钟莹，刘琳主编. —成都：西南交通大学出版社，2022.5（2024.7 重印）
ISBN 978-7-5643-8666-5

Ⅰ. ①导… Ⅱ. ①钟… ②刘… Ⅲ. ①导游 – 高等职业教育 – 教材 Ⅳ. ①F590.633

中国版本图书馆 CIP 数据核字（2022）第 073145 号

Daoyou Caiyi (Zhimeiti Ban)
导游才艺（智媒体版）

主　编 / 钟　莹　刘　琳	责任编辑 / 罗爱林
	封面设计 / GT 工作室

西南交通大学出版社出版发行
（四川省成都市金牛区二环路北一段 111 号西南交通大学创新大厦 21 楼　610031）
发行部电话：028-87600564　　028-87600533
网址：http://www.xnjdcbs.com
印刷：四川森林印务有限责任公司

成品尺寸　185 mm×260 mm
印张　12.75　　字数　279 千
版次　2022 年 5 月第 1 版　　印次　2024 年 7 月第 2 次

书号　ISBN 978-7-5643-8666-5
定价　42.00 元

课件咨询电话：028-81435775
图书如有印装质量问题　本社负责退换
版权所有　盗版必究　举报电话：028-87600562

前　言

随着国民经济的发展，人们的生活水平不断提高，外出旅游的需求也日益增加。人们在旅游时，不再局限于观光和休闲度假，而是提出了更多、更新的需求，如通过旅游活动了解当地的风土人情、相关的地理和历史知识，也想在旅游中获得美的感受和身心放松。这些新的需求相应地也对导游服务人员提出了新要求。导游人员是整个旅游活动过程中的服务者，他们的服务质量直接影响游客对旅游产品的满意度，因此，导游人员不仅需要广博的文化知识，掌握讲解技巧，更需要与客人互动，获得客人的青睐，赢取客人的信任。那么，导游人员的才艺技能就至关重要。

编者在课程设置和教材编写之前，对优秀导游人员和旅行社及旅游管理类高校教师进行了调研，发现高超的导游才艺技能不仅让游客收获快乐，而且也让游客对导游的服务非常满意。导游才艺技能的同时也是导游人员参加各级各类竞赛的必备要素，也是旅游管理专业学生应该掌握的技能。在此前提下，我们组织了旅游管理专业具有实践经验的教师和负责指导导游比赛的专家，共同编写了这本适合导游才艺技能教学的教材。《导游才艺》主要是针对旅游管理专业学生编写，也可作为全国导游人员资格考试考前培训资料，同时也适用于相关行业员工的技能培训，对旅游管理方面各种需要展示才艺的比赛也具有较大的参考价值。

本书由钟莹、刘琳担任主编，韦美玉、陈海燕担任副主编。全书分为十个项目，参与编写人员及分工如下：钟莹编写项目五、项目六；刘琳编写项目一、项目二、项目四、项目十的模块二；韦美玉编写项目三、项目七；陈海燕编写项目八、项目九、项目十的模块一。刘琳负责全书的整体修改和审稿工作。

本书采用"理实一体化"的编写模式，注重理论与实践的紧密结合。以项目化教学为基础，分项目介绍导游才艺知识与技能。每个项目先阐述清楚准备知识，再以实训任务的方式练习，让学生从"学中做"到"做中学"，快速提升理论素养和实操能力。在培养学生知识目标和能力目标的同时，提出了思政目标的要求。此外，每个项目练习和项目实践的设计，都力求突出综合能力的培养，注重兼顾学生的技能、仪容姿态和心理素质的综合训练，在潜移默化中促进学生的才艺技能向综合素质升华。

本书在编写过程中，参阅了许多专家、学者的论著、书籍，借鉴了一些宝贵的观点和有价值的资料，在此对被参考和借鉴文献及资料的作者表示衷心的感谢。同时，向所有为编者提供各方面支持的相关领导、同事表示衷心的感谢。

由于编者水平和经验有限，书中难免存在错误和不足之处，欢迎各位专家、学者、同行及朋友提出宝贵意见，以使本书不断提高、完善。

编　者

2022 年 4 月

目　录

项目一　导游才艺概述 …………………………………………………… 001
　　模块一　导游人员 ………………………………………………… 002
　　模块二　导游才艺 ………………………………………………… 007

项目二　趣味顺口溜 ……………………………………………………… 013
　　模块一　易错字词 ………………………………………………… 014
　　模块二　导游趣味顺口溜 ………………………………………… 020
　　模块三　绕口令 …………………………………………………… 023
　　模块四　中国各地怪闻 …………………………………………… 031

项目三　旅途小游戏 ……………………………………………………… 049
　　模块一　猜谜语 …………………………………………………… 050
　　模块二　幽默故事和笑话 ………………………………………… 054

项目四　民歌演唱 ………………………………………………………… 060
　　模块一　中国民歌概况 …………………………………………… 061
　　模块二　民歌演唱方法 …………………………………………… 070
　　模块三　广西民歌 ………………………………………………… 079

项目五　戏剧表演 ………………………………………………………… 083
　　模块一　戏曲概况 ………………………………………………… 084
　　模块二　戏曲表演训练 …………………………………………… 093

项目六　诗歌朗诵 …………………………………………………………………… 097
　　模块一　诗歌分类和朗诵要求 ………………………………………………… 098
　　模块二　诗歌朗诵训练 ………………………………………………………… 106

项目七　舞蹈艺术 …………………………………………………………………… 115
　　模块一　现代舞蹈 ……………………………………………………………… 116
　　模块二　民族舞蹈 ……………………………………………………………… 121

项目八　快板曲艺 …………………………………………………………………… 127
　　模块一　快板概述 ……………………………………………………………… 128
　　模块二　快板基本打法训练 …………………………………………………… 132
　　模块三　快板的板式及表演 …………………………………………………… 137

项目九　非洲手鼓 …………………………………………………………………… 160
　　模块一　基础演奏入门 ………………………………………………………… 161
　　模块二　现代流行音乐节奏训练 ……………………………………………… 175

项目十　旅途其他知识 ……………………………………………………………… 179
　　模块一　中国之最 ……………………………………………………………… 180
　　模块二　中国城市的别称 ……………………………………………………… 185

参考书目 ……………………………………………………………………………… 197

项目一

导游才艺概述

知识目标： 了解什么是导游人员，导游人员需要具备哪些基本素质。

能力目标： 熟悉才艺的基本类型；掌握才艺的学习方法；能够收集与导游过程相关的故事、笑话、民歌、诗词等。

思政目标： 增强学生的社会道德感，培养学生正确的价值观和良好的职业道德，提升职业认同感。

参考学时： 3 学时（理论 2 学时，实训 1 学时）。

模块一　导游人员

 **具体任务**

> 了解什么是导游人员。
> 认识导游人员应该具备的基本素质。

在人们外出旅游的过程中，导游照顾游客的游览观光、食宿、购物等活动，让游客享受了旅程，收获了美和愉快的心情，是旅游过程中的总指挥。

任务一　导游人员的定义

我国现行的《导游人员管理条例》（该条例自1999年10月1日起实施）第二条规定："本条例所称导游人员，是指依据本条例的规定取得导游证，接受旅行社委派，为旅游者提供向导、讲解及相关旅游服务的人员。"

上述导游人员的概念包含了3层含义：

第一，特定的程序。在中国担任导游工作的人员，是依据《导游人员管理条例》经过导游人员资格考试并取得导游证的人员，这与日常生活中人们俗称的"导游"不同。

第二，特定的委托。导游人员是接受旅行社委派而从事导游业务的人员。接受旅行社委派从事导游业务是导游人员概念的特征。

第三，特定的工作。导游人员的工作范围，主要是为旅游者提供向导、讲解及相关旅游服务。向导，是指为他人引路、带路；讲解，是指为旅游者解说、指点风景名胜；相关旅游服务，是指为旅游者代办各种旅游证件，代购交通票据，安排旅游住宿、旅程、就餐等与旅行游览有关的各种活动。

任务二　导游人员的素质和能力

一、导游人员的素质要求

在旅游活动中，由于旅游者构成和旅游需求的多样性，不同旅游者和不同旅游活动对导游人员的素质有不同的要求。为保证导游服务质量，根据国家对导游人员资格认定和旅游活动实践的要求，一名合格的导游人员的基本素质主要包括以下6个方面。

（一）思想品德方面

导游人员应具有爱国主义意识，在为旅游者提供热情有效服务的同时，要自觉维护国家利益和民族尊严，不得有损害国家利益和民族尊严的言行；导游人员应热爱本职工作、尽职敬业，不断检查和改进自己的工作，努力提高服务水平；导游人员应始终保持高尚的情操，自觉抵制形形色色的不良诱惑和精神污染。

（二）遵纪守法方面

导游人员应具有良好的法治意识，自觉遵守国家的法律法规和政策，遵守旅游行业的规章制度和导游行为规范，严格执行导游服务质量标准，严守国家机密和商业秘密，维护国家利益和旅行社利益。导游人员在导游讲解、回答旅游者询问或讨论有关问题时，必须以国家的方针政策和法律法规为指导；对旅游活动中出现的有关问题，要按照国家的法律法规和有关政策规定进行正确的处理；对于提供涉外导游服务的导游人员，还应牢记内外有别的基本原则，在导游工作中多请示汇报，并正确地处理各种涉外问题。

（三）知识素质方面

旅游活动是一项综合性文化审美活动，导游人员不仅要向游客传播有关的文化知识，也要传递审美信息并使旅游者获得美的享受。因此，导游人员应有较广泛、渊博的基本知识，包括语言文化知识、经济社会知识、法律法规知识、历史地理知识、心理学和美学知识、旅行和国际知识、当地民俗风情知识等。实践证明，丰富渊博的知识不仅是搞好导游工作的重要前提，也是导游讲解的基本素材和"原料"，是导游人员提供优质导游服务的基础。

（四）职业道德方面

导游人员应有良好的职业道德，模范地遵守社会公德，并认真负责地完成旅游接待计划所规定的各项任务，切实维护旅游者的合法权益。导游人员在为旅游团（者）提供导游服务时，既要向旅游团（者）讲解当地旅游景区景点的自然风光和文化遗产特点，介绍当地风土人情和习俗等；又要将旅游者提出的计划外的合理要求及时报送给企业业务主管部门，经企业的业务主管部门同意，在条件允许的情况下尽量给予满足。

（五）自身形象方面

导游人员在提供导游服务的过程中，应当注意自己的仪表仪容和举止行为，并克服不符合礼仪礼貌的生活习惯。在进行导游服务时，一般应穿工作服或指定服装，服饰要整洁、端庄；仪容仪表要修饰得体，做到自然、大方、稳重；仪态行为要举止稳重、诚恳和蔼、礼貌待人；要尊重旅游者的宗教信仰、民族风俗和生活习惯等，努力树立良好的导游形象。

（六）身心健康方面

导游服务工作是一项脑力劳动和体力劳动相结合的工作，不仅工作量大、流动性强，而且内容烦琐、变化复杂、涉及面广，因此必须具有健康的身体素质和良好的心理素质，能够头脑冷静、思路清晰地应对各种突发事件，认真负责地做好各项服务工作。

> **拓展阅读** 让更多的人看到大美青海
>
> 2021年，全国妇联授予了993人"全国巾帼建功标兵"称号，青海省优秀导游梁璐获此殊荣。多年来，她凭借着对职业的热爱，不断提高业务水平，热情接待每一批游客，认真做好每一次讲解，努力架起沟通的桥梁。她真诚、细致、专业、努力，在旅游行业里如一朵铿锵玫瑰，绚烂绽放。
>
> "我很热爱旅游行业，哪怕再给我一次机会重新选择，我依旧会选择做一名文旅人。"青海省西宁城市职业技术学院教师梁璐坚定地说。作为"95后"，梁璐除了是一名人民教师，还是一名导游。
>
> 2014年，就读于旅游管理专业的梁璐考取了导游证，在寒假、暑假期间做起了实习导游。她年纪虽小，但非常刻苦，白天带团，晚上一遍遍反复练习讲解。"那时候起得早、睡得晚，书上到处是密密麻麻的笔记，A4纸写满了一张又一张……现在回想起那段经历很充实，也很快乐，因为这些知识都会用到，也能让游客了解青海的美。"
>
> 除了青海湖、茶卡盐湖等秀美风景，青海还拥有饱含藏族文化的塔尔寺等。为了让游客切身感受藏族文化的魅力，身为汉族人的她专门学习了藏族的语言、舞蹈、歌曲。"除了为游客讲述藏族人一天的生活，我还会教他们说藏语、唱藏歌，甚至会带一个小喇叭，在草原上放藏族音乐，带大家一起跳藏族舞蹈，让游客在青海高原留下最美好的记忆。"梁璐笑着说。
>
> "导游是一份令人快乐的工作，但在高海拔地区做导游是很辛苦的。"由于身体原因，梁璐不能长期从事导游工作，但又想让自己的经验和知识储备发挥更多能量，因此她选择了当老师，同时利用假期从事导游工作。"我们班的学生年纪最大的比我小一岁，大部分都是'00后'，他们更愿意接受具有创新性的授课内容，所以我们经常开展情景模拟教学，针对导游带团过程中的真实场景，组织学生排练情景剧，让他们真正了解导游工作，未来也能更好地处理突发事件，为游客提供优质服务，其教学效果远远胜过照本宣科。"梁璐说。
>
> 这些年，梁璐走遍了青海的大部分地方，见过形形色色的人，有一个人至今令她印象深刻。"我曾在一次带团过程中遇到一位50多岁的教授，他当时到青海考察地形地貌，蹲在地上轻轻地拨开表层土，告诉我什么是地衣、什么是节理。每到一处目的地，他就会拿出相机拍照，说这些都是好东西，

> 他要记录下来，回去做成课件给学生看。"教授的行为让梁璐备受感动，从那之后，不论是假期带团还是旅游，她都会记录下典型案例，与教学融合，让职业教育更加贴近职业、更好地服务就业。
>
> 　　匠心成就初心，凭借扎实的业务功底和热情贴心的服务，梁璐赢得了众多游客的称赞，曾多次在导游大赛中脱颖而出，先后荣获全国高职院校导游服务赛项二等奖、第四届全国导游大赛银牌导游员等，并被评选为"全国巾帼建功标兵"。梁璐说："每次参加比赛，我都有一个信念，就是让更多的人看到青海的美丽景色、了解藏族文化的魅力。青海有很多优秀的导游，但缺乏新鲜的血液。我想通过自身努力，培养更多优秀的年轻导游，让他们站在更大的舞台上推介青海旅游、讲好青海故事。"

二、导游人员的能力要求

导游人员的能力，是导游人员运用所掌握的知识、经验和技能为旅游者服务的方式、能力和水平，是在良好素质基础上所形成的独立工作能力、组织服务能力、协调应变能力和导游技巧能力等，也是导游人员做好导游服务工作，提供优质导游服务的重要条件。

（一）独立工作能力

导游人员应具备较强的独立工作能力，不仅能够根据旅游活动的特点和要求，独立执行旅游接待计划，独立进行旅游产品讲解，独立分析问题和解决问题，而且还应具有冷静思考、沉着分析、果断决定，正确处理旅游活动中出现的各种意外事故的能力。

（二）组织服务能力

导游人员的组织服务能力，通常是指导游人员的带团能力，即导游人员根据旅游团（者）的整体需要和不同旅游者的个别需要，熟练地组织旅游团（者）的旅游活动，提供导游服务的能力。组织服务能力是一种高智能的旅游服务能力，它不仅需要导游人员付出辛勤的体力劳动，而且需要导游人员以自己的智力资源为依托，以生动准确的语言，富有魅力的表达，活泼开朗的形象，为旅游团（者）提供优质的导游服务。

（三）协调应变能力

旅游活动是一个动态过程，并涉及多种活动内容和多种关系，需要导游人员具有较强的协调能力和灵活的工作方法，善于与各种人沟通交流并妥善处理事务的能力。对于导游人员来讲，首先，要协调好内部关系，包括与领队、旅游者和其他陪同人员之间的关系；其次，要协调好外部关系，包括与为旅游团（者）提供食、住、行、游、购、娱等相关服务的有关企业和人员的关系；最后，要灵活应对各种错综复杂的环境变化，能够及时、正确、合理地处理好各种复杂的关系和问题。

（四）导游技巧能力

导游服务既是一种旅游工作，更是一门专业和艺术，要求导游人员具有较高的导游服务技能，包括智力技能、语言技能和业务技能。导游智力技能，是集思想性、科学性、知识性、趣味性于一体的智能体系，是在导游人员掌握丰富知识基础上所形成的导游方法、技巧及风格的结合体。导游语言技能，要求导游人员在运用语言时遵循正确、清楚、生动、灵活的原则，并做到言之有物，言之有据，言之有理，言之有情，言之有神，言之有趣，言之有喻。导游业务技能，则是在智力技能和语言技能基础上所体现的导游讲解服务的业务能力。因此，智能、语言和业务技能构成了导游服务技能的三要素，并且缺一不可。导游服务技能与导游人员的工作能力和掌握的知识有很大的关系，需要在实践中培养和发展，并不断总结和提炼。

> **拓展阅读** 导游之路是我永远的星光大道
>
> 赵英健，女，1970年4月出生，遵化市人，汉族，中共党员，大学本科毕业；1996年10月从事旅游工作，曾获全国十佳文明导游员、河北省十佳导游员等荣誉，并多次荣立二等功、三等功，发表论文多篇，现任清东陵文物管理处副处长，高级导游，中国紫禁城学会、中国清宫史学会、河北省博物馆学会会员；曾获河北省十佳导游员，全国模范导游员荣誉称号。
>
> 赵英健1991年10月从唐山大学（现唐山学院）英语专业毕业后到清东陵文管处当了一名导游。她被清东陵的宏伟壮观和深厚的文化底蕴震撼了，一头扎进清史的海洋不断充实提高自己，把清东陵悠久灿烂的文化生动地介绍给中外游客，很快成为导游员中的佼佼者。1995年，国家旅游局首次举办全国国内导游员大赛，赵英健凭着深厚的知识功底和机敏善辩的才华脱颖而出，跻身全国20佳优秀导游员行列。
>
> 机遇总是垂青有准备的人。赵英健说，东陵的一砖一瓦是我走上《百家讲坛》的阶梯。1991年10月，赵英健大学毕业后，到清东陵文管处当了一名导游。
>
> 由于是土生土长的遵化人，赵英健对东陵并不陌生。然而她清楚地记得，当自己第一次以一名导游的身份置身于陵群的时候，仍旧被清东陵那雄伟壮观、极尽华美的陵寝建筑和其间蕴藏的文化价值深深震撼了。
>
> 赵英健暗下决心，要给游客一碗水，导游自己必须有一桶水。于是她一头扎进了清史知识的海洋里，孜孜不倦地挖掘清东陵的文化内涵，对清东陵每一阶段的历史都多方考证，以增加自己对清东陵的认知和了解。有时为弄清一个历史问题、解开一个传说疑惑，她要翻阅《大清会典》《清鉴纲目》《昌瑞山万年统志》《清史稿》《遵化州志》等几十万字的书籍。为了将正史

与野史巧妙结合起来，使自己的讲解更具知识性和趣味性，赵英健在学习了大量清史的同时，还遍访了本地守陵人的后裔。

"听小赵做导游讲解的确是一种不可多得的享受，因为她能做到常讲常新，绝不重样！"曾经数次听过赵英健讲解的机关工作人员刘先生这样评价。

为每一位游客讲出一个属于自己的东陵，是赵英健当导游的"拿手绝活"。15年来，相同的古迹、相同的史实，赵英健讲了不下千余次，而每一次的导游词绝无雷同：面对机关公务人员，她会以正史为主，讲康熙大帝的廉洁治吏，评雍正王朝的功过是非；接待百姓旅游团，她会结合正在热播的清宫题材的影视作品，为"因下嫁小叔子多尔衮而无颜葬入皇家陵寝"的孝庄皇后正名，为"砍去丽妃手脚装入瓦罐"的慈禧平反；而一旦来了小朋友，"还珠格格其人""香妃的故事"便成了主讲的内容……

思考：

(1) 一名优秀的导游员应该具备哪些素质？

(2) 全国劳动模范赵英健的导游生涯给了我们什么启示？

模块二　导游才艺

 **具体任务**

➢ 了解什么是导游才艺。

➢ 认识导游才艺的基本类型。

➢ 知道如何学好才艺。

任务一　导游才艺的概念和特点

一、导游才艺的含义

才艺，指才能、技艺，语出《列子·周穆王》："万物滋殖，才艺多方。"才艺包括的范围相当广泛，并不是单指人们常说的演唱、舞蹈、书法、绘画等单方面的才艺。

才是指能力和才干，如口才、德才、艺才等。艺指技能和技术，如手艺、技艺、工艺、文艺等。

艺术一方面是指音乐、戏剧、电影、曲艺、美术、舞蹈、绘画、雕塑、建筑和文学等的总称;另一方面是指巧妙的方式、方法,如领导艺术、导游带团艺术、讲课艺术等。

总之,才艺所包含的范畴非常广泛。如果一个导游爱好广泛,且又通晓各种技艺技能,那么该导游就是大家口中所说的才子或才女导游,即多才多艺的导游。

二、导游才艺展示的特点

导游才艺是在特定的环境场合中,面对特定的服务对象来展示体现的。导游才艺展示的时空范围跨度大,场合变化大,内容丰富多彩,服务对象组成复杂,因而形成了导游才艺展示丰富而又多样的特点。

(一)情感性与互动性

1. 情感性

导游才艺展示的情感性包括有情性、动情性和共情性3个方面。

有情性是指导游人员要善于利用各种场合和机会,主动与旅游者进行情感交流,使旅游者时时刻刻感受到导游人员的关爱与温馨。动情性是指导游人员要善于运用富有感染力的语言,帮助旅游者尽快熟悉游览对象,尽快进入旅游的最佳状态,保持旺盛的旅游兴趣。共情性是指导游人员要善于发现旅游者的兴趣,在旅游者为感知旅游观赏物而兴奋时,要积极地去"共享",以实现与旅游者在情感上的"共鸣"。

2. 互动性

导游才艺展示的互动性包括主(指导游人员)客体(指旅游者)之间的空间移动性及主客体之间的交互性两个方面。

空间移动性是指游客在游览过程中,导游人员与旅游者往往处于一种空间移动的状态之中,尤其是在导游人员讲解的时候,这种状态表现得尤为明显。交互性是指导游人员与旅游者在游览过程中始终是相互影响、相互制约的关系。

(二)直观性与形象性

直观性是指在游览过程中导游人员通过语言的形象描述或歌唱、朗诵等艺术形式,引导游客对客观事物(旅游目标)进行正确认知,从而使游客在丰富感性认知的基础上身心愉悦。

形象性是指在游览过程中导游人员需要用形象的特殊形式来反映客观事物(旅游目标),用具体而生动的语言(包括肢体语言)唤起旅游者的感性认知和思想感情的属性。

(三)创新性与幽默性

1912年经济学家熊彼特在他的德文著作《经济发展理论》中,首次提出了"创新"

的概念。20世纪90年代，我国把"创新"一词引入了科技界，形成了"知识创新""科技创新"等各种提法，进而发展到社会生活的各个领域，使"创新"几乎无处不在。同理，也就有了"旅游创新"的说法。当然，导游人员更需要创新，如旅程设计创新、讲解内容创新等。所以创新性是社会发展的需要，也是导游人员个人能力发展的需要。

幽默是一种特殊的情绪表现。俄国文学家契诃夫说过："不懂得开玩笑的人，是没有希望的人。"所以在旅游过程中导游人员多一点幽默感，可以淡化游客的消极情绪，消除沮丧与痛苦，使旅途生活充满情趣，和谐愉快，相融友好。一般来说，幽默性是优秀导游人员的基本特征之一。

任务二　如何学习导游才艺

一、导游才艺展示的必要性

随着文化旅游、快乐休闲旅游异军突起，游客对旅游活动的文化内涵更加重视，对快乐休闲旅游的服务要求愈来愈高，因此，对导游员的素质要求也愈来愈高。比如在漫长的旅游汽车上，导游人员在车上仅做简单的自我介绍、说几句欢迎辞，缺乏节目，旅途则会枯燥无味、单调沉闷。又如在旅游目的地，由于导游人员缺乏才艺，无法引导游客进行参与性的旅游活动，诸如山歌对唱，地方戏的介绍、学唱等，使原本快乐有趣的旅游变得单一呆板。所以，导游若能适时展示才艺，与游客同游同乐，不仅能丰富旅游活动，更能提升服务品质。

（一）提高旅游活动文化内涵的需要

由于中国幅员广阔，在各个地区形成了各具特色的地方文化，如燕赵文化、巴蜀文化、岭南文化、湖湘文化等，这些对国内其他地方的游客具有较大的吸引力。因而导游人员要不断提高自身的文化艺术鉴赏能力。文化艺术素养不仅能使导游人员的人格更加完善，还能使导游讲解层次大大提高，从而在文化交流中起到更为重要的作用。比如，湖南的导游能表演及详细介绍花鼓戏，河南的导游能表演及详细介绍豫剧，北京的导游能表演及详细介绍京剧，广西的导游能表演及详细介绍壮族山歌等。这样就能起到文化展示与交流的作用，极大地提高旅游活动的文化内涵。

（二）丰富沿途活动内容的需要

当今我国高速公路四通八达，交通便利。因此，旅行社推出的省内、邻省旅游产品大多都是汽车团，例如湖州市的旅游产品中，就有杭州一日游，上海一日游，南京二日游，宁波、奉化二日游，楠溪江、雁荡山二日游等。在长达2~4小时的汽车旅途中，导游若不能在车上组织一些文化娱乐活动，会使旅途变得漫长难熬。导游人员若能在车上合理安排一些文化娱乐节目，就能改变旅途单调乏味的困境，使旅途变得有趣而生动。

（三）在旅游目的地引导游客参与旅游获得的需要

随着旅游业的深度发展，旅游获得呈现多样化的发展趋势，尤其是参与性旅游的兴起和风行，要求导游人员随之改变其导游方法。参与性旅游活动的发展，意味着人们追求自我价值实现的意识在不断增强。追求自我价值不仅体现在工作中，人们还将其转移到了娱乐活动中。人们参加各种竞赛，参与各类节庆活动，与当地居民一起活动和生活。这就要求导游人员必须改变导游方法，以此提高导游服务质量，增加旅游者的满意度。所以导游人员应该多才多艺，不仅能说会道，能向游客做具有吸引力的导游讲解，而且还需要能歌善舞，拥有主持人的组织能力，随时引导、调动游客的积极性，带领游客一起活跃旅游生活，与游客互动，参与旅游活动，让游客体验到参与性旅游活动的快乐。

拓展阅读 幽默导游开场白

各位朋友：

大家好！

有一首歌曲叫《常回家看看》，有一种渴望叫常出去转转，说白了就是旅游。

在城里待久了，天天听噪声，吸尾气，忙家务，搞工作，每日里柴米油盐，吃喝拉撒，真可以说操碎了心，磨破了嘴，身板差点没累垮呀！（众人笑）

所以我们应该经常出去旅游，转一转比较大的城市，去趟铁岭都值呀，到青山绿水中陶冶情操，到历史名城去开阔眼界。人生最重要的是什么，不是金钱，不是权力，我个人认为是健康快乐！大家同意吗？（众人会意）

出去旅游，一定要找旅行社，跟旅行社出门方便快捷，经济实惠呀。

但找一个好的旅行社，不如碰到一个好导游，一个好导游能给您带来一次开心快乐的旅行。大家同意吧！

但找一个好导游，不如找一个男导游，男导游身强力壮，不但能给您导游，而且还是半个保镖，碰到紧急情况，咱背起来就走人了。

找一个男导游，不如找一个多才多艺的男导游，找一个多才多艺的男导游，不如找一个多才多艺、能歌善舞的男导游；找一个多才多艺、能歌善舞的男导游，不如找一个多才多艺、能歌善舞、能说会道的男导游；找一个多才多艺、能歌善舞、能说会道的男导游，不如找一个多才多艺、能歌善舞、能说会道、玉树临风的男导游；找一个多才多艺、能歌善舞、能说会道、玉树临风的男导游，不如找一个多才多艺、能歌善舞、能说会道、玉树临风、潇洒漂亮的男导游！

各位知道中国现在有多少个导游吗？我告诉大家，中国现在有35万名导

> 游。但这 35 万导游中，有 25 万女导游，只有 10 万男导游。这 10 万男导游中，能称得上多才多艺的男导游只有 1 万人。这 1 万多才多艺的男导游中，能称得上多才多艺、能歌善舞的男导游也就 1 000 人。这 1 000 多才多艺、能歌善舞的男导游中，能称得上多才多艺、能歌善舞、能说会道的男导游也就 100 人。这 100 多才多艺、能歌善舞、能说会道的男导游，能称得上是多才多艺、能歌善舞、能说会道、玉树临风的男导游也就 10 人。这 10 个多才多艺、能歌善舞、能说会道、玉树临风的男导游，能称得上是多才多艺、能歌善舞、能说会道、玉树临风、潇洒漂亮的男导游也就 1 个。30 万导游中，我们出门能碰到这样一个能称得上是多才多艺、能歌善舞、能说会道、玉树临风、潇洒漂亮的男导游，概率太小了。
>
> 但今天，各位非常幸运！（众人哗然，继而大笑）
>
> 我发现今天的朋友都非常聪明！接下来，我就来做一下自我介绍……

二、学好才艺课

才艺是一门涉及广泛知识和能力的新兴课程，也是与导游实践活动密切相关的课程。在学习研究综合才艺的过程中，一方面要了解才艺课程的知识结构与体系，另一方面要熟悉各类才艺在旅游实践工作中的具体运用情况，从中根据自身的条件有重点地选择相关才艺类型来学习。

首先是要培养自己的学习兴趣。兴趣指一个人对学习的一种积极的认识倾向与情绪状态，或者说是人们力求认识某种事物和从事某项活动的意识倾向。它表现为人们对某种事物、某项活动的选择性态度和积极的情绪反应。兴趣在人的实践活动中具有重要的意义，也是学好综合才艺的动力。那么如何培养兴趣呢？

（一）保持一颗好奇的心

好奇心是个体遇到新奇事物或处在新的外界条件下所产生的注意、操作、提问的心理倾向。好奇心是个体学习的内在动机之一，是个体寻求知识的动力，也是创造性人才的重要特征。英国诗人、散文家塞缪尔·约翰逊认为："好奇心是智慧富有活力的最持久、最可靠的特征之一。"所以好奇心是导游人员能否学好才艺的关键因素。

（二）通过热情来培养和激发自己的兴趣

热情指人们参与活动或对待别人所表现出来的热烈、积极、主动和友好的情感或态度。显然没有热情的人是学不好才艺的。

（三）用目标来引导、培养兴趣

导游人员必须确立自己的人生目标，用目标来培养自己的兴趣爱好。有了目标，内心的力量才能找到方向。

（四）要勤奋和努力

勤奋和努力，即不怕吃苦，踏实工作，认认真真地做好每一件事。古今中外，每一个成功者手中的鲜花，都是他们用汗水和心血浇灌出来的。韩愈说："业精于勤，荒于嬉；行成于思，毁于随。"爱因斯坦说："我没有什么特别的才能，不过喜欢寻根刨底地追究问题罢了。"屠格涅夫说："你想成为幸福的人吗？但愿你首先学会吃得起苦。"可见，每一个人的才能不是天生就有的，而是靠自己的勤奋和努力获得的。

（五）根据自身条件和实际情况有重点地学习

艺术种类是丰富多样的，学习难易程度当然也是不同的。为此我们应该从实际出发，充分考虑旅游过程中导游人员才艺展示的局限性以及导游人员的个性差异，有重点地选择一些才艺进行学习。

【项目实践】

实践内容：学生以学习团队为单位，讨论学习导游才艺的重要意义。

能力要求：结合自身情况写出心得体会，根据自身客观条件谈一谈一名优秀的导游应具备的才艺。

项目二

趣味顺口溜

知识目标：掌握易错字读音，熟悉导游趣味顺口溜。

能力目标：熟读绕口令，正确发音，熟悉中国各地怪闻，能解说其含义。

思政目标：增强民族自信心，培养学生热爱祖国不同地域文化的情怀，培养导游的趣味幽默语言。

参考学时：12学时（理论3学时，实训9学时）。

模块一　易错字词

> **具体任务**
> - 掌握常念错的字词，在学习活动中收集易错字词在班上共享。
> - 有意识地训练自己的语言组织能力。

任务一　易错字词

语言，对于导游而言，可谓是最重要的工具。国内的导游最基本的要求是说一口流利而标准的普通话。导游资格证考试，也包含对普通话使用的评分。由于各地方言的影响，一些导游因带有地方口音的普通话闹出不少笑话，也有导游因为平时不注意训练而使用了错误的发音。为避免尴尬，对于基本的语言技能应多加训练。

> **拓展阅读**　尴尬的老师
>
> 高中开班有两个同学的姓比较生僻。一个叫：仝（同）慧，一个叫谌（陈）好。
>
> 那天体育老师拿着花名册点名。当点到她们时估计没看清，高喊："全会，全会，全会在不在？""肾好，肾好，肾好也不在吗？"我们知道他念错字了，于是发出一阵爆笑！体育老师弄明白后糗得满面通红，让我们解散自由活动！

（1）经常念错的 100 个字的正确读音，单音字括号内为正确读音的同音字。

恬（甜）静	包庇（毕）	酾（序）酒
造诣（义）	揠（亚）苗	粗犷（广）
木屑（谢）	绚（炫）丽	谄（产）媚
棘（集）手	机械（泻）	砧（真）板
谒（页）见	舐（是）犊	拯（整）救
箴（珍）言	翌（艺）日	哺（补）育
恪（客）守	赏赐（次）	书笺（肩）
贮（注）存	修葺（泣）	纨绔（裤）

阐（产）述	迁徙（喜）	瑰（归）宝
澎湃（派）	同胞（包）	簇（醋）拥
麻痹（毕）	濒（宾）临	玷（电）污
罹（梨）难	唆（叟）使	鞭笞（吃）
饿殍（瞟）	逮捕（补）	粗糙（操）
拂（服）晓	嗔（押）怒	炽（赤）热
歼（肩）灭	发酵（叫）	狙（拘）击
憧（充）憬	糟粕（破）	掮（前）客
干涸（河）	畸（基）形	咆（袍）哮
手帕（怕）	翩跹（仙）	蓦（漠）然
脍（快）炙	褴褛（旅）	抚恤（序）
愤懑（闷）	龋（取）齿	桎梏（固）
按捺（纳）	回溯（诉）	鞭挞（踏）
塑（诉）料	狡黠（匣）	瞠（撑）目
媲（屁）美	讣（副）告	斡（沃）旋
联袂（妹）	赈（镇）济	汲（鸡）取
浸（进）透	刚愎（闭）	窠（科）臼
潸（山）然	妊娠（身）	阴霾（埋）
惴（坠）惴	栉（至）风	膏肓（荒）
淙（丛）淙	针砭（匾）	莅（粒）临
取缔（第）	证券（劝）	喟（溃）然
百舸（ge 上声）	咳嗽（sou 去声）	
嫩（nen 去声）叶	湍（tuan 阴平）急	
混淆（xiao 阳平）	谬（miu 去声）论	
冗（rong 上声）长	吸吮（shun 上声）	
高耸（song 上声）	怂（song 上声）恿	
酝酿（niang 去声）	铿（坑）锵（枪）	
悚（song 上声）然	唾（tuo 去声）弃	
怙（户）恶不悛（quan 阴平）		

（2）容易读白字的词和成语的正确读音。

恫吓（贺）	要挟（邪）	呜咽（业）
拓（榻）片	禅（善）让	呆（癌）板
叨（涛）扰	提（低）防	咯（卡）血
龟（君）裂	屏（丙）息	侧（摘）歪
亲（庆）家		
凹（ao 阴平）陷	堆（dui 阴平）积	
数（朔）见不鲜	审时度（夺）势	

自怨自艾（义）　　否（匹）极泰来
心宽体胖（盘）　　一曝（铺）十寒
瓜熟蒂（第）落　　一叶扁（篇）舟
参（cen 阴平）差（ci 阴平）不齐
大腹便便（pian pian 阳平）

任务二　易读错的地名

地名是历史的精髓要素之一。中国地名体现了中国历史上的民族融合、疆域政区的变化、传统文化的观念，是中国历史文化的重要组成部分。这里是 100 个最容易读错的中国地名。读万卷书也要行万里路，这样才能真正了解地方文化。

（1）浙江丽水的丽，不读 lì，读 lí。

（2）浙江台州、天台的台，不读 tái，读 tāi。

（3）浙江嵊州的嵊，读音为 shèng。

（4）浙江鄞州的鄞，读音为 yín，不读 jín。

（5）浙江乐清的乐，读音为 yuè，不读 lè。

（6）浙江诸暨的暨，读音为 jì。

（7）安徽歙县的歙，多音字，读音为 shè，不读 xī。

（8）安徽六安的六，读 lù，不读 liù。江苏的六合也读 lù，是方言字音的残存。江淮方言六陆同音，是古语，从这可知为什么六字的大写是陆。

（9）安徽亳州的亳，读音为 bó，不读 háo。

（10）安徽枞阳的枞，多音字，读音为 zōng，不读 cōng。

（11）安徽黟县的黟，读音为 yī。黄山古称黟山。

（12）安徽濉溪的濉，读音为 suī。

（13）安徽蚌埠的读音为 bèngbù，不读 bàngfù。

（14）安徽砀山的砀，读 dàng，不读 yáng 或 dāng。

（15）江苏盱眙不能根据字读半边的原则来读为 yú tái，正确的读音为 xū yí。盱眙龙虾让人们知道了盱眙。

（16）江苏邗江，扬州古称邗沟，邗江现为扬州市的一个区。邗，读音为 hán。

（17）江苏邳州的邳，读音为 pī。

（18）江苏甪直、浙江甪堰，甪，读音为 lù。

（19）江苏氾水的氾字的音、义皆同"泛"，读 fàn。注意：河南有条汜水，汜读音为 sì。

（20）江苏睢宁的睢，读音为 suī。

（21）江苏栟茶的栟，读 bēn；栟榈即为棕树，栟榈的栟读 bīng。

（22）江苏浒墅关的浒，读音为 xǔ，不读 hǔ。

（23）上海莘庄的莘，读音为 xīn，不读 shēn。而山东莘县的莘，读为 shēn，不读 xīn，莘莘学子。

（24）福建长汀的汀，读 tīng，不读 dīng。

（25）黑龙江穆棱的棱，多音字，应读 líng，不读 léng。

（26）吉林珲春的珲，应读 hún。

（27）吉林桦甸的桦，应读 huà。

（28）辽宁阜新的阜，应读 fù，易误读为"bù"以及"fǔ"。

（29）辽宁桓仁的桓，不读 héng，应读 huán，如齐桓（huán）公。

（30）辽宁岫岩的岫，读 xiù。著名的北方玉都，产岫玉。

（31）内蒙古巴彦淖尔的彦应读 yàn。淖应读 nào，不读 lào。汪曾祺小说《大淖纪事》。

（32）内蒙古磴口县的磴，读音为 dèng。

（33）天津蓟州的蓟，读音为 jì，蓟为一种草本植物。

（34）河北蔚县的蔚，多音字，应读 yù，不读 wèi。新疆尉犁，也应读 yù lí。

（35）河北井陉的陉，应读 xíng，不读 jing。

（36）河北蠡县的蠡，应读 lǐ，不读 lí。春秋时有范蠡；今陕西礼泉，古为醴泉，也读 lǐ。

（37）河北藁城的藁，读 gǎo。

（38）河北涿州的涿，读为 zhuō。涿州以及涿鹿，均在河北。

（39）河北乐亭的乐，读 lào，唐山当地的发音，但山东乐陵音 le。

（40）河北大城的大，读 dài，不读 dà。

（41）河北冉庄的冉，读 rǎn。

（42）河北邯郸的邯，读 hán。

（43）山西隰县的隰，读为 xí。隰指地势低洼而潮湿的处所。

（44）山西洪洞的洞，读为 tóng，不读 dòng。传统京剧《苏三起解》中的那句闻名的唱段：苏三离了洪洞县。

（45）山西临汾的汾、汾水、汾酒的汾，统读 fén，不读 fēn 或者 fěn。

（46）山西解池的解，读 xiè。

（47）山西忻州的忻，读 xīn。

（48）山东莒县的莒，读音为 jǔ，不读 lǔ。

（49）山东茌平的茌，读音为 chí。

（50）山东临沂的沂，读音为 yí。江苏新沂，沂蒙山、沂水的沂，也读 yí。山东省南部有临沂，北部有临邑，容易混淆，山东人多称北临邑、南临沂。

（51）山东临朐的朐，读音为 qú。

（52）山东郯城的郯，读音为 tán。

（53）山东无棣的棣，读音为 dì。

（54）山东兖州的兖，读音为 yǎn，不读 yǔn。

（55）山东淄博的淄，读音为 zī。淄河，在山东境内。

（56）山东东阿的阿，读音为 ē。

（57）山东曲阜正确的读音 qū fù。曲阜得名于地形。《尔雅 释地》云："高平曰陆，大陆曰阜。"东汉应劭注："鲁城中有阜，委曲长七、八里，故曰曲阜。"今之曲阜城东，还残存有一条委曲长八九华里的大阜，即土山。

（58）山东单县的单与姓氏单同音 shàn，不能念 dān。

（59）山东鄄城的鄄，读音为 juān，不读 yān。

（60）山东芝罘的罘，读音为 fú。

（61）江西铅山的铅，读为 yán，不读 qiān，地名专用字音。

（62）江西婺源的婺，读音为 wù。

（63）江西弋阳的弋，读音为 yì。

（64）湖南耒阳的耒，读为 lěi。

（65）湖南郴州的郴，读为 chēn。

（66）湖南汨罗的汨，读 mì。

（67）湖南芷江的芷，读 zhǐ。

（68）湖北黄陂的陂，有3个读音：bēi、pí 以及 bō。黄陂的陂应读为：pí。

（69）湖北郧阳的郧，读为 yún。

（70）湖北秭归的秭，读为 zǐ。

（71）湖北监利的监，读为 jiàn，不读 jiān。

（72）湖北猇亭的猇，读为 xiāo。

（73）湖北蕲春的蕲，读为 qí。

（74）河南浚县的浚，多音字，应读 xùn，不读 jùn。念 jùn 的时候主要表示疏通，挖深的意思，做动词；在地名中念作 xùn。

（75）河南柘城的柘，读为 zhè。

（76）河南武陟的陟，读为 zhì，陟登高、晋升的意思。

（77）河南泌阳的泌，读为 bì，不读 mì。

（78）河南渑池的渑，读 mián。当作古水名渑水时，读 shéng

（79）河南荥阳的荥，读为 xíng，不读 yíng。而四川荥经的荥，读音为 yíng，不读 xíng。

（80）河南长垣的垣，读为 yuán。

（81）河南中牟的牟，读为 mù，不读 móu。

（82）广东东莞的莞，读音为 guǎn。

（83）广东番禺的番，读音有2个：fān 以及 pān。番禺应读为：pān yú。

（84）湖南筻口的筻，应读 gàng。

（85）海南儋州的儋，读 dān，不读 zhān 或 shàn。

（86）四川郫都的郫，读音为 pí。

（87）四川珙县的珙，读音为 gǒng。
（88）四川犍为的犍，读音为 qián，不读 jiān；犍牛的犍读 jiān。
（89）四川邛崃读音为 qióng lái。
（90）四川筠连的筠，读音为 jūn，不读 yún。
（91）四川阆中的阆，读 làng。
（92）重庆涪陵的涪，读音为 fú。涪陵榨菜让涪陵出了名，易误读为 péi 以及 fù。
（93）重庆綦江的綦，读音为 qí。
（94）重庆北碚的碚，读音为 bèi。
（95）云南勐海的勐，读音为 měng。
（96）陕西栎阳的栎，读音为 yuè，不读 lè。
（97）陕西柞水的柞，读音为 zhà。
（98）陕西吴堡的堡，读 bǔ。
（99）新疆巴音郭楞的楞，应读 léng，不读 lèng。
（100）湖南枨冲的枨，应读 chéng。

任务三　说话训练

中国是目前世界上拥有"非物质文化遗产"数量最多的国家，中国书法、昆曲、篆刻……有哪些中国文化"代表作"，可曾了解过？请收集资料，组织语言，对以下"非物质文化遗产"进行不少于 2 分钟的介绍。

（1）昆曲。
（2）中国古琴艺术。
（3）新疆维吾尔木卡姆艺术。
（4）蒙古族长调民歌。
（5）中国篆刻。
（6）中国雕版印刷技艺。
（7）中国书法。
（8）中国剪纸。
（9）中国传统木结构营造技艺。
（10）南京云锦织造技艺。
（11）端午节。
（12）中国朝鲜族农乐舞。
（13）格萨斯尔。
（14）侗族大歌。
（15）花儿。

（16）玛纳斯。

（17）妈祖信俗。

（18）呼麦。

（19）南音。

（20）热贡艺术。

（21）中国传统蚕桑丝织技艺。

（22）藏戏。

（23）龙泉青瓷传统烧制技艺。

（24）宣纸传统制作技艺。

（25）西安鼓乐。

（26）粤剧。

（27）京剧。

（28）中医针灸。

（29）皮影戏。

（30）珠算。

（31）二十四节气。

（32）藏医药浴法。

（33）太极拳。

（34）送王船（与马来西亚联合申报）。

模块二　导游趣味顺口溜

具体任务

> 熟读趣味顺口溜，多收集顺口溜在班上共享。
> 对于导游职业或旅游，有自己的见解。

任务一　导游趣味顺口溜

游客出门旅行一般都希望在收获美景的同时，收获好心情，导游在其中就起着关键性的作用。在旅游过程中，一些跟旅游有关的见解，或者导游的自嘲，都可以用顺口溜的方式说出来，以增加趣味性，让游客在笑声中感受到导游工作的辛劳。

顺口溜是民间流行的一种口头韵文，句子长短不齐，念起来非常顺口，具有易于上口、悦耳响亮、好念好记、幽默诙谐、生动形象的特点。以下是一些常用的导游趣味顺口溜。

（1）带团用的经典话语：出门三忘记，一忘了烦恼，二忘了结婚，三忘了领导。

（2）出门旅游三光政策：出门观光，把钱花光，回家忘光。

（3）四个忘记：忘记年龄，忘记疾病，忘记恩怨，忘记过去。

（4）放眼全球，献身旅游，广交朋友，其乐无穷。

（5）八菜一汤，米饭尽装，见菜不够，抓紧喝汤。

（6）生命在于运动，朋友在于走动，关系在于活动，爱情在于冲动，成功在于行动。

（7）客人坐着我站着，客人吃着我看着。

（8）吃遍山珍海味少不了盐，游遍天涯海角离不了钱！

（9）祖国江山美不美，全靠导游一张嘴；三分长相，七分想象，越想也就越像！

（10）旅游累不累，想想革老前辈；旅游苦不苦，想想红军两万五。

（11）出门就上当，当当不一样！

（12）观景不走路，走路不观景（带团走山路的时候，经常交代客人的注意事项）。

（13）当客人感到旅途劳累时：没有旅途之苦，哪有旅程之乐。

（14）万里长城永不倒，给点掌声好不好。

（15）人生就像一出戏，千里有缘来相聚，赵钱孙李是一家，东南西北是一家，我能为大家做导游，实属我的好福气。

（16）开会太多使人累，喝酒太多使人醉，抽烟太多伤肝肺，聚众赌博是犯罪，旅游消费最实惠。

（17）人间自有真情在，能省一块是一块；万水千山总是情，少给一块也不行。

（18）让你调皮！让你捣蛋！（我可以负责任地告诉你，导游很生气，后果很严重）。

（19）不到长城非好汉，到了长城才发现，爬来爬去累了一身臭汗。

（20）好的商品带回家，家人又喜又会夸。喜的是你会识货，夸的是你想到他！

（21）激动的心，颤抖的手，拿起话筒我要献丑，谁要是不鼓掌，谁就是嫌我丑。

（22）跟着导游走，吃喝啥都有，问啥啥都会，走着还不累。

（23）红旗飘飘跟党走，蓝旗飘飘跟导游走。

（24）如果说第一次的相遇是偶然，希望下一次的相遇成为必然。

（25）没知识不能没有常识，没常识不能没有见识。

（26）一个中心：以安全健康快乐为中心；两个基本点：看事糊涂一点、遇事潇洒一点。

（27）买东西不要比较，出门不要计较，晚上回房好好睡觉。

（28）马达一响，美景分享；车轮一动，平安接送。

（29）导游要有一张婆婆的嘴，一颗妈妈的心去对待客人，学阿庆嫂：相逢开口笑，过后不思量；来的都是客，全凭一张嘴，人走茶不凉。

（30）真想拉着你的手，革命道路一起走，爱要怎么说出口，不要嫌我长得丑。

（31）带走的只是照片，留下的只有脚印。

（32）男人不吃醋，感情不丰富；女人不吃醋，家庭不和睦；小孩不吃醋，学习不进步；老人不吃醋，越活越糊涂；大家来吃醋，社会才进步。

（33）跟着感觉走，拉着我的手。

（34）旅游观光钱财花光，钱财花光身体健康，旅游旅游，一分不留。

（35）北京的导游跑断腿，西安的导游说破嘴，海南的导游晒脱水。

（36）感情铁不铁？铁！喝了就怕胃出血！感情深不深？深！喝了就怕打吊针！

（37）给客人敬酒（激动的心，颤抖的手，我给客人倒杯酒，客人不喝酒，那是嫌我丑）。

（38）出门有交代，少喝酒来多吃菜，吃不到就站起来，喝不了请人代，实在不行就耍赖。

（39）上海看人头，苏杭看丫头，嵩山看光头，泰山看日头，南京看石头，北京看砖头，潍坊看线头，西安看坟头，三峡看船头，桂林看山头，广州看车头，香港看街头，云南看烟头，澳门看手头，台湾看拳头。

（40）不是买房也不是买地，选择商品不需要太仔细；不是买飞机也不是买大炮，不需向领导打报告。

（41）我看起来有点老，就像陕西大红枣，外面皮子有点皱，里面味道还蛮好；别看我长得胖，工作起来有力量；别看我长得瘦，工作起来有节奏；别看我年纪小，工作起来有技巧；别看我年纪大，工作辛苦也不怕；别看我长得高，登山钻洞也弯腰；别看我长得矮，工作有误马上改。

（42）万里长城永不倒，桂林山水风景好，杭州西湖多文稿，北京故宫多国宝，苏州园林多花草，安徽黄山很难找，长江三峡多船跑，台湾日月潭生得巧，承德避暑山庄不显老，秦陵兵马俑历史早！

（43）去到北京才觉得官小，去到上海才觉得楼小，去到山东才觉得个小，去到大连才觉得穿得不好，去到东北才觉得胆小，去到广东才觉得钱少，去到香港才觉得太吵，去到成都才觉得结婚太早，去到桂林才觉得环保。

（44）广西壮族自治区，地处南疆稍偏西，东北西邻兄弟省，出国越南不稀奇，八山一水一分田，三沿经济赚大钱。广西历史重头戏，全省九十市和县，四千万人民做贡献，广西旅游属大省，桂林漓江乐满地。桂林山水甲天下，广西处处美如画。

（45）多吃菜，少喝酒，听老婆话，跟导游走！

（46）喝酒："宁可我的胃上喝出一个洞，也不可让我们的感情出现一条缝！"

（47）导游：起得比鸡早，睡得比狗晚，吃得比猪差，住得比鼠窝差，走得冤枉路比马多，在客人面前比羊还乖。

任务二　顺口溜实训

对于旅游，对于导游的职业或工作，有哪些个人见解？可以编写成顺口溜，与老师、同学分享。

模块三　绕口令

 具体任务

> 了解什么是绕口令。
> 熟读绕口令，纠正发音，练习语速。

任务一　绕口令

绕口令又称急口令、吃口令、拗口令等，是一种传统的语言游戏。由于它是将若干双声、叠词词汇或发音相同、相近的语、词有意集中在一起，组成简单、有趣的语韵，要求快速念出，所以读起来让人感到节奏感强，妙趣横生。

一、绕口令的特点

绕口令的特点是将若干双声、叠韵词汇或者发音相同、相近的语词和容易混淆的字有意集中在一起，组合成简单、有趣的韵语，形成一种读起来很绕口，但又妙趣横生的语言艺术。值得一提的是，绕口令是语言训练的好教材。认真练习绕口令可以使头脑反应灵活、用气自如、吐字清晰、口齿伶俐，可以避免口吃，更可作为休闲逗趣的语言游戏。如：山前有个严圆眼，山后有个杨眼圆，二人山前山后来比眼；不知严圆眼比杨眼圆的眼圆，还是杨眼圆比严圆眼的眼圆。

有一首《算卦的和挂蒜的》，听起来也很有韵味：

街上有个算卦的，还有一个挂蒜的。算卦的算卦，挂蒜的卖蒜。算卦的叫挂蒜的算卦，挂蒜的叫算卦的买蒜。算卦的不买挂蒜的蒜，挂蒜的也不算算卦的卦。

听罢这两段绕口令，定然会使人感到妙趣横生。

二、绕口令的结构

绕口令的结构方式有对偶式和一贯式两种。对偶式两句对偶，平行递进，如《四和十》："四是四，十是十；要想说对四，舌头碰牙齿；要想说对十，舌头别伸直；要想说对四和十，多多练习十和四。"对偶式的绕口令最有名的是汉族民间流传的绕口联，如："童子打桐子，桐子落，童子乐；丫头啃鸭头，鸭头咸，丫头嫌。"这副绕口令同音异义，颇为绕口，实属巧对妙联。"求自在不自在，知自在自然自在；悟如来想如来，非如来如是如来。"上联下联各列出4个"自在"和"如来"，而4次出现的含义各不相同，耐人寻味。

一贯式的绕口令一气呵成，环环相扣，句句深入，如：

远望一堆灰，灰上蹲个龟，龟上蹲个鬼。鬼儿无事挑担水，湿了龟的尾，龟要鬼赔龟的尾，鬼要龟赔鬼的水。

黑化肥发灰，灰化肥发黑。黑化肥发灰会挥发，灰化肥挥发会发黑，灰化肥发黑挥发会发灰。

一面小花鼓，鼓上画老虎。宝宝敲破鼓，妈妈拿布补，不知是布补鼓，还是布补虎。

墙上一根钉，钉上挂条绳，滑落绳下瓶，打碎瓶下灯，砸破灯下盆。瓶打灯，灯打盆，盆骂灯，灯骂瓶，瓶骂绳，绳骂钉，钉怪绳，绳怪瓶，瓶怪灯，灯怪盆。叮叮当当当当叮，乒乒乓乓乓乓乒！

可以看出，绕口令多是诙谐而活泼的，节奏感较强，富有音乐效果。有的用方言朗读更具有浓郁乡土特色，如："一出南门走六步，碰到六舅和六叔。好六叔，好六舅，借我六升六斗好绿豆。过了秋，再还六叔六舅六升六斗好绿豆。"

传统的绕口令，多只注重字句的谐音，而忽视它的思想内容。如今，汉族民间文艺工作者在创作绕口令时，注入了新的时代气息，有的具有益智助思的作用，如《数狮子》："公园有四排石狮子，每排是十四只大石狮子，每只大石狮子背上是一只小石狮子，每只大石狮子脚边是四只小石狮子，史老师领四十四个学生去数石狮子，你说共数出多少只大石狮子和多少只小石狮子？"

列举一段发人深省的绕口令："一些事没有人做，一些人没有事做，一些没有事做的议论做事的做的事；议论做事的总是没事，一些做事的总有做不完的事，一些没有事做的不做事不碍事，一些有事做的做了事却有麻烦事；一些不做事的挖空心思惹事，让做事的做不成事，大家都不做事是不想做事的做事；做事的做不成事伤心，不做事的不做事开心。"此类的绕口令散发出一股浓烈的辛辣味，起到了鞭挞假、丑、恶，歌颂真、善、美的作用，赋予绕口令崭新内容和艺术"笑果"。

拓展阅读 中国话

《中国话》最不一样的地方就是首创把华人世界最雅俗共赏的绕口令融入嘻哈风中,用 RAP 的方式来"念唱",而且最难的是这些绕口令的部分,原唱者 S.H.E 仍然设计了和声的表现,同时也把音乐玩出了和以往不同的新感觉。《中国话》的歌词内容主要描述了全世界正掀起一片中国热,因为全球估计至少有 3 000 万非华裔人士在学中国话,欧美更有些学校已经将中国话列入必修外国语,因此作者有感而发地写出这首《中国话》。

扁担宽 板凳长
扁担想绑在板凳上
扁担宽 板凳长
扁担想绑在板凳上
伦敦玛丽莲 买了件旗袍送妈妈
莫斯科的夫斯基爱上牛肉面疙瘩
各种颜色的皮肤 各种颜色的头发
嘴里念的说的开始流行中国话
多少年我们苦练英文发音和文法
这几年换他们卷着舌头学平上去入的变化
平平仄仄平平仄
好聪明的中国人 好优美的中国话
扁担宽 板凳长
扁担想绑在板凳上
板凳不让扁担绑在板凳上
扁担偏要绑在板凳上
板凳偏偏不让扁担绑在那板凳上
到底扁担宽还是板凳长
哥哥弟弟坡前坐
坡上卧着一只鹅
坡下流着一条河
哥哥说 宽宽的河
弟弟说 白白的鹅
鹅要过河 河要渡鹅
不知是那鹅过河
还是河渡鹅
全世界都在学中国话

孔夫子的话 越来越国际化
全世界都在讲中国话
我们说的话 让世界都认真听话
纽约苏珊娜 开了间禅风 lounge bar
柏林来的沃夫冈 拿胡琴配着电吉他
各种颜色的皮肤 各种颜色的头发
嘴里念的说的开始流行中国话
多少年我们苦练英文发音和文法
这几年换他们卷着舌头学平上去入的变化
仄仄平平仄仄平
好聪明的中国人 好优美的中国话
有个小孩叫小杜
上街打醋又买布
买了布 打了醋
回头看见鹰抓兔
放下布 搁下醋
上前去追鹰和兔
飞了鹰 跑了兔
洒了醋 湿了布
嘴说腿 腿说嘴
嘴说腿 爱跑腿
腿说嘴 爱卖嘴
光动嘴 不动腿
光动腿 不动嘴
不如不长腿和嘴
那到底是嘴说腿 还是腿说嘴
全世界都在学中国话 孔夫子的话 越来越国际化
全世界都在讲中国话
我们说的话 让世界都认真听话

任务二 绕口令训练

　　导游人员平时应该多练习一些绕口令，因为导游讲解也是一门口头表达艺术，多练习绕口令有助于提高口头语言表达的清晰和口齿伶俐的程度，是导游人员进行自我提升的一种方式。另外，在旅游途中，导游人员可以把绕口令作为一种才艺展示给游客，特别是导游不擅长唱歌的时候，可以用说绕口令来弥补。导游人员快速念完之后，游客很佩服，导游就可以一句一句地教游客说，再请几位有表现欲望的游客一同来表说绕口令，这也是一种很好的互动。

（1）墙上挂面鼓，鼓上画老虎，老虎抓破鼓，拿块布来补。不知是布补鼓，还是布补虎？

（2）嘴说腿，腿说嘴，嘴说腿爱跑腿，腿说嘴爱卖嘴。光动嘴不动腿，光动腿不动嘴，不如不长腿和嘴。

（3）七加一，再减一，加完减完等于几？七加一，再减一，加完减完还是七。

（4）大刀对单刀，单刀对大刀，大刀斗单刀，单刀夺大刀。

（5）你也勤来我也勤，生产同心土变金。工人农民亲兄弟，心心相印团结紧。

（6）长虫围着砖堆转，转完砖堆钻砖堆。

（7）三山屹四水，四水绕三山；三山四水春常在，四水三山四时春。

（8）师部司令部指示：四团十连石连长带四十人在十日四时四十四分按时到达师部司令部，师长召开誓师大会。

（9）有个面铺门朝南，门上挂着蓝布棉门帘，摘了蓝布棉门帘，面铺门朝南；挂上蓝布棉门帘，面铺还是门朝南。

（10）山前有个严圆眼，山后有个严眼圆，二人山前来比眼，不知是严圆眼的眼圆，还是严眼圆比严圆眼的眼圆？

（11）山前有个崔粗腿，山后有个崔腿粗。二人山前来比腿，不知是崔粗腿比崔腿粗的腿粗，还是崔腿粗比崔粗腿的腿粗？

（12）坡上立着一只鹅，坡下就是一条河。宽宽的河，肥肥的鹅，鹅要过河，河要渡鹅，不知是鹅过河，还是河渡鹅？

（13）河边两只鹅，白鹅与灰鹅，哦哦爱唱歌，唱得渴又饿，昂首吸飞蛾，飞蛾啄不住，岸边去找窝。草窝暗又矮，只得去过河，河里真暖和，有吃又有喝，不能再挨饿，遨游真快活，安心唱爱歌。

（14）小郭画了朵红花，小葛画了朵黄花，小郭想拿他的红花换小葛的黄花，小葛把他的黄花换了小郭的红花。

（15）婆婆和嬷嬷，来到山坡坡，婆婆默默采蘑菇，嬷嬷默默拔萝卜。婆婆拿了一个破簸箕，嬷嬷带了一个薄笸箩，婆婆采了半簸箕小蘑菇，嬷嬷拔了一笸箩大萝卜。婆婆采了蘑菇换饽饽，嬷嬷卖了萝卜买馍馍。

（16）天上有个日头，地下有块石头，嘴里有个舌头，手上有五个手指头。不管是天上的热日头，地下的硬石头，嘴里的软舌头，手上的手指头，还是热日头，硬石头，软舌头，手指头，反正都是练舌头。

（17）字纸里裹着细银丝，细银丝上趴着四千四百四十四个似死似不死的小死虱子皮。

（18）紫瓷盘，盛鱼翅，一盘熟鱼翅，一盘生鱼翅。迟小池拿了一把瓷汤匙，要吃清蒸美鱼翅。一口鱼翅刚到嘴，鱼刺刺进齿缝里，疼得小池拍腿挠牙齿。

（19）石狮寺前有四十四个石狮子，寺前树上结了四十四个涩柿子，四十四个石狮子不吃四十四个涩柿子，四十四个涩柿子倒吃四十四个石狮子。

（20）石、斯、施、史四老师，天天和我在一起。石老师教我大公无私，斯老师给我精神食粮，施老师叫我遇事三思，史老师送我知识钥匙。我感谢石、斯、施、史四老师。

（21）山里有个寺，山外有个市，弟子三十三，师父四十四。三十三的弟子在寺里练写字，四十四的师父到市里去办事。三十三的弟子用了四十四小时，四十四的师父走了三十三里地。走了三十三里地就办了四十四件事，用了四十四小时才写了三十三个字。

（22）铜勺舀热油，铁勺舀凉油，铜勺舀了热油舀凉油，铁勺舀了凉油舀热油。舀油入炒勺，月月有佳肴。先炖鱿鱼块，后扒羊肉条。火在炉下燃，油在勺中熬，满锅同炎热，管它铜勺与铁勺。

（23）有个懒汉本姓阮，提个篮子卖鸡卵，"卖卵""卖卵"使劲喊，谁都不来买鸡卵，不是鸡卵品种乱，而是鸡卵皮太软。卖不出鸡卵难买饭，回家吃饭路又远，胡乱烧把烂草取取暖，再吃掉篮子里几个软鸡卵。

（24）七巷一个漆匠，西巷一个锡匠，七巷漆匠偷了西巷锡匠的锡，西巷锡匠拿了七巷漆匠的漆，七巷漆匠气西巷锡匠偷了漆，西巷锡匠讥七巷漆匠拿了锡。请问锡匠和漆匠，谁拿谁的锡？谁偷谁的漆？

（25）四和十，十和四，十四和四十，四十和十四。说好四和十得靠舌头和牙齿，谁说四十是"细席"，他的舌头没用力；谁说十四是"适时"，他的舌头没伸直。认真学，常练习，十四、四十、四十四。

（26）石小四，史肖石，一同来到阅览室。石小四年十四，史肖石年四十。年十四的石小四爱看诗词，年四十的史肖石爱看报纸。年四十的史肖石发现了好诗词，忙递给年十四的石小四，年十四的石小四见了好报纸，忙递给年四十的史肖石。

（27）司小四和史小世，四月十四日十四时四十上集市，司小四买了四十四斤四两西红柿，史小世买了十四斤四两细蚕丝。司小四要拿四十四斤四两西红柿换史小世十四斤四两细蚕丝。史小世十四斤四两细蚕丝不换司小四四十四斤四两西红柿。司小四说我四十四斤四两西红柿可以增加营养防近视，史小世说我十四斤四两细蚕丝可以织绸织缎又抽丝。

（28）蓝教练是女教练，吕教练是男教练，蓝教练不是男教练，吕教练不是女教练。蓝南是男篮主力，吕楠是女篮主力，吕教练在男篮训练蓝南，蓝教练在女篮训练吕楠。

（29）牛郎恋刘娘，刘娘念牛郎。牛郎连连恋刘娘，刘娘连连恋牛娘。牛郎年年念刘娘，刘娘年年念牛郎。郎恋娘来娘恋郎，念娘恋娘念郎恋郎。牛恋刘来刘恋牛，牛念刘来刘念牛。郎恋娘来娘恋郎，郎念娘来娘念郎。

（30）刘奶奶找牛奶奶买榴梿牛奶，牛奶奶给刘奶奶拿榴梿牛奶，刘奶奶说牛奶奶的榴梿牛奶不如柳奶奶的榴梿牛奶,牛奶奶说柳奶奶的榴梿牛奶会流奶,柳奶奶听见了大骂牛奶奶你的榴梿牛奶才会流奶。柳奶奶和牛奶奶泼榴梿牛奶吓坏了刘奶奶。

(31)陈庄程庄都有城,陈庄城通程庄城。陈庄城和程庄城,两庄城墙都有门。陈庄城进程庄人,陈庄人进程庄城。请问陈程两庄城,两庄城门都进人,哪个城进陈庄人,程庄人进哪个城?

(32)初入江湖:化肥会挥发。

小有名气:黑化肥发灰,灰化肥发黑。

名动一方:黑化肥发灰会挥发,灰化肥挥发会发黑。

天下闻名:黑化肥挥发发灰会花飞,灰化肥挥发发黑会飞花。

一代宗师:黑灰化肥会挥发发灰黑讳为花飞,灰黑化肥会挥发发黑灰为讳飞花。

超凡入圣:黑灰化肥灰会挥发发灰黑讳为黑灰花会飞,灰黑化肥灰会挥发发黑灰为讳飞花化为灰。

天外飞仙:黑化黑灰化肥灰会挥发发灰黑讳为黑灰花会回飞,灰化灰黑化肥会挥发发黑灰为讳飞花回化为灰。

终极版:灰花飞买了个黑化肥,黑华飞也买了个灰化肥。灰花飞种地需要黑华飞的灰化肥,黑华飞种地也需要灰花飞的黑化肥。灰花飞与灰化肥,黑华飞与黑化肥。灰花飞的黑化肥,黑华飞的灰化肥。灰花飞要拿灰花飞的黑化肥换黑华飞买的灰化肥,黑华飞也要拿黑华飞的灰化肥换灰花飞的黑化肥。究竟是灰花飞换了黑华飞的灰化肥,还是黑华飞换了灰花飞的黑化肥!灰花飞不是黑华飞,灰化肥不是黑化肥。灰花飞买的是黑化肥不是灰化肥,黑华飞买的是灰化肥不是黑化肥。黑华飞发灰变不成灰花飞,灰花飞发黑也变不成黑华飞。黑化肥能够发灰变成灰化肥,灰化肥发黑也能够变成黑化肥。黑灰化肥与黑华飞与灰花飞之间的关系要认清!

> **拓展阅读** 报菜名

报菜名又名《菜单子》,是非常有名的一个相声贯口。贯口是评书、相声的说功,又称"趟子"。为将一段篇幅较长的说词节奏明快地一气道出,似一串珠玉一贯到底,演员事先要将词背得熟练拱口,以起到渲染抒情、展示技巧乃至产生笑料的作用。

蒸羊羔儿、烧花鸭、烧雏鸡、烧子鹅、炉猪、炉鸭、酱鸡、腊肉、松花、小肚儿、晾肉、香肠儿、什锦苏盘儿、熏鸡白肚儿、清蒸八宝猪、江米酿鸭子、卤什件儿、卤子鹅、山鸡、兔脯、菜蟒、银鱼、清蒸哈什蚂、烩鸭腰儿、烤鸭条、清拌腰丝儿、黄心管儿、焖白鳝、焖黄鳝、豆豉鲇鱼、锅烧鲤鱼、忤烂甲鱼、抓炒鲤鱼、抓炒对虾、软炸里脊、软炸鸡、什锦套肠儿、卤煮寒鸦儿、麻酥油卷儿、熘鲜蘑、熘鱼脯、熘鱼肚、熘鱼片儿、醋烟肉片儿、烟三鲜儿、烟鸽子蛋、熘白蘑、熘什件儿、炒银丝儿、烟刀鱼、清蒸火腿、炒白虾、炝青蛤、炒面鱼、炝竹笋、芙蓉燕菜、炒虾仁儿、熘腰花儿、烩海参、炒蹄筋儿、锅烧海参、锅烧白菜、炸木耳、炒肝尖儿、桂花翅子、清蒸翅子、炸飞禽、炸汁儿、炸排骨、清蒸江瑶柱、糖熘芡仁米、拌鸡丝、拌肚丝、什锦豆腐、什锦丁儿、糟鸭、糟熘鱼片、熘蟹肉、炒蟹肉、烩蟹肉、清拌蟹肉、蒸南瓜、酿倭瓜、炒丝瓜、酿冬瓜、烟鸭掌儿、焖鸭掌儿、焖笋、炝茭白、茄子晒炉肉、鸭羹、蟹肉羹、鸡血汤、三鲜木樨汤、红丸子、白丸子、南煎丸子、四喜丸子、三鲜丸子、氽丸子、鲜虾丸子、鱼脯丸子、饹炸丸子、豆腐丸子、樱桃肉、马牙肉、米粉肉、一品肉、栗子肉、坛子肉、红焖肉、黄焖肉、酱豆腐肉、晒炉肉、炖肉、黏糊肉、烀肉、扣肉、松肉、罐儿肉、烧肉、大肉、烤肉、白肉、红肘子、白肘子、熏肘子、水晶肘子、蜜蜡肘子、锅烧肘子、扒肘条、炖羊肉、酱羊肉、烧羊肉、烤羊肉、清羔羊肉、五香羊肉、氽三样儿、爆三样儿、炸卷果儿、烩散丹、烩酸燕儿、烩银丝儿、烩白杂碎、氽节子、烩节子、炸绣球、三鲜鱼翅、栗子鸡、氽鲤鱼、酱汁鲫鱼、活钻鲤鱼、板鸭、筒子鸡、烩脐肚、烩南荠、爆肚仁儿、盐水肘花儿、锅烧猪蹄儿、拌稂子、炖吊子、烧肝尖儿、烧肥肠儿、烧肺、烧紫盖儿、烧连帖、烧宝盖儿、油炸肺、酱瓜丝儿、山鸡丁儿、拌海蜇、龙须菜、炝冬笋、玉兰片、烧鸳鸯、烧鱼头、烧槟子、烧百合、炸豆腐、炸面筋、炸软巾、糖熘饹儿、拔丝山药、糖焖莲子、酿山药、杏仁儿酪、小炒螃蟹、氽大甲、炒荤素儿、什锦葛仙米、鳎目鱼、八代鱼、海鲫鱼、黄花鱼、鲋鱼、带鱼、扒海参、扒燕窝、扒鸡腿儿、扒鸡块儿、扒肉、扒面筋、扒三样儿、油泼肉、酱泼肉、炒虾黄、熘蟹黄、炒子蟹、炸子蟹、佛手海参、炸烹儿、炒芡子米、奶汤、翅子汤、三丝汤、熏斑鸠、卤斑鸠、海白米、烩腰丁儿、火烧茨菇、焖鱼头、拌皮渣儿、氽肥肠儿、炸紫盖儿、鸡丝豆苗、十二台菜、汤羊、插根儿、炸花件儿，清拌粉皮儿、炝莴笋、烹芽韭、木樨菜、烹丁香、烹大肉、烹白肉、烩酸蕾、熘脊髓、咸肉丝儿、白肉丝儿、荸荠一品锅、素炝春不老、清焖莲子、酸黄菜、烧萝卜、脂油雪花儿菜、烩银耳、炒银枝儿、八宝榛子酱、黄鱼锅子、白菜锅子、什锦锅子、汤圆锅子、菊花锅子、杂烩锅子、煮饽饽锅子、肉丁辣酱、炒肉丝、炒肉片儿、烩酸菜、烩白菜、烩豌豆、焖扁豆、氽毛豆、炒豇豆、腌苤蓝丝儿。

模块四　中国各地怪闻

 **具体任务**

- 熟悉中国各旅游地总结出来的（特点）怪闻，对于知名的需要背诵。
- 各地怪闻所包含的意思，要了解并会解说。

任务一　中国各地怪闻

中国地大物博，在祖国广袤的土地上，民族习惯、各地文化差异较大，各个旅游地也将自己的本地特色总结成"怪闻"。怪闻读起来趣味性强，吸引游客去探究其中的含义，当然这些怪闻也吸引了部分潜在客人前往旅游地一探究竟。

一、西湖四怪

断桥不断，孤山不孤，长桥不长，两高不高。

二、云南十八怪

第一怪：鸡蛋用草串着卖；

第二怪：摘下斗笠当锅盖；

第三怪：三只蚊子一盘菜；

第四怪：火筒能当水烟袋；

第五怪：糌粑被叫作饵块；

第六怪：背着娃娃谈恋爱；

第七怪：四季服装同穿戴；

第八怪：蚂蚱能做下酒菜；

第九怪：姑娘被叫作老太；

第十怪：和尚可以谈恋爱；①

第十一怪：老太太爬山比猴快；

第十二怪：新鞋后面补一块；

---

① 西双版纳地区入佛寺是男孩子的学堂，可还俗。

第十三怪：汽车还比火车快；
第十四怪：脚趾常年都在外；
第十五怪：娃娃全由男人带；
第十六怪：花生蚕豆数着卖；
第十七怪：这边下雨那边晒；
第十八怪：四个竹鼠一麻袋。

三、重庆十八怪

第一怪：房如积木顺山盖；
第二怪：三伏火锅逗人爱；
第三怪：坐车没得走路快；
第四怪：空调蒲扇同时卖；
第五怪：背起棒棒满街站；
第六怪：姑娘喜欢露膝盖；
第七怪：龟儿老子随口带；
第八怪：不吃小面不自在；
第九怪：光着膀子逛大街；
第十怪：街边打望好快乐；
第十一怪：办报如同种白菜；
第十二怪：崽儿赌钱显豪迈；
第十三怪：矮小伙高姑娘爱；
第十四怪：摊开麻将把客待；
第十五怪：公交车上摆擂台；
第十六怪：宝气处处都存在；
第十七怪：人名没得地名怪；
第十八怪：丧事当作喜事办。

四、南方大大怪

第一怪：遍地都是打工仔；
第二怪：春运回去还要来；
第三怪：开车没有走路快；
第四怪：大路小路都堵塞；
第五怪：街边随处有乞丐；
第六怪：发廊四处都存在；
第七怪：珍珠项链不敢戴；

第八怪：衣服不敢外面晒；
第九怪：高楼大厦建得快；
第十怪：租个房子谈恋爱。

五、东北十大怪

第一怪：烟囱安在山墙边；
第二怪：窗户纸糊在窗外；
第三怪：四块瓦片头上盖；
第四怪：反穿皮袄毛朝外；
第五怪：十八姑娘叼烟袋；
第六怪：大缸小缸腌酸菜；
第七怪：草坯房子篱笆寨；
第八怪：下响睡觉头朝外；
第九怪：养活孩子吊起来；
第十怪：宁害一顿饭不至二人转。

六、上海八大怪

第一怪：穿着睡衣四处转；
第二怪：抱着娃娃闯世界；
第三怪：汉子围着女人转；
第四怪：吃饭喝茶自己算；
第五怪：盛产高级打工仔；
第六怪：围城世界团团转；
第七怪：促销打折流死战；
第八怪：演唱会四处开。

七、新疆十八怪

第一怪：鞭子底下谈恋爱；
第二怪：夏日要把皮袄带；
第三怪：古丝道上地名怪；
第四怪：美玉泡酒酒更醇；
第五怪：井底全数连起来；
第六怪：成婚宴席无酒菜；
第七怪：汽车要比火车快；
第八怪：男人爱把花帽带；

第九怪：铁床摆在大门外；
第十怪：兵团姑娘不对外；
第十一怪："猪"字不成随意说；
第十二怪：胶鞋套在皮靴外；
第十三怪：风吹石头砸脑袋；
第十四怪：大盘鸡里拌"皮带"；
第十五怪：吃的烤馕像锅盖；
第十六怪：出嫁姑娘把妹带；
第十七怪：敬酒歌声不外卖；
第十八怪：吃饭手抓不用筷。

八、西藏十二怪

第一怪：百川南到海；
第二怪：县城无邮差；
第三怪：经费靠外来；
第四怪：收入差别大；
第五怪：川人占大半；
第六怪：80℃水就开；
第七怪：氧气袋到处卖；
第八怪：十里不同天；
第九怪：喝酒不就菜；
第十怪：方便不如厕；
第十一怪：外出不关门；
第十二怪：硬币不流通。

九、河南十大怪

第一怪：郑州商场扎堆盖；
第二怪：开封古城擦起来；
第三怪：洛阳水席水做菜；
第四怪：天井窑院公开开；
第五怪："中"字说得真不赖；
第六怪：遍地文物脚下踩；
第七怪：少林太极最叫卖；
第八怪：豫剧老少都喜爱；
第九怪：寻根问祖河南拜；
第十怪：烩面吃出几大派。

十、山西八大怪

第一怪：面食品种吃不尽；
第二怪：罐子拔在脑门上；
第三怪：厕所标牌太写实；
第四怪：古城儿童真豪爽；
第五怪：城墙上去下不来；
第六怪：晋祠小贩叫呱呱；
第七怪：三轮前后都能骑；
第八怪：的士前排坐妇女。

十一、广东十八怪

第一怪：清晨起床先买菜；
第二怪：骨头价格比肉贵；
第三怪：宵夜吃到凌晨来；
第四怪：凉茶实为中药配；
第五怪：麻将桌子街上摆；
第六怪：睡衣拖鞋逛大街；
第七怪：羊肉带皮一同卖；
第八怪：鸡鹅猫狗上阳台；
第九怪：广播电视白话言讲；
第十怪：四季洗澡皆冲凉；
第十一怪：闲侃聊天叫吹水；
第十二怪：煲汤必用中药材；
第十三怪：门窗全安防盗网；
第十四怪：自来水管墙外装；
第十五怪：恋爱拍拖变公婆；
第十六怪：摩托充当出租车；
第十七怪：山形酷似人器官；
第十八怪：农田全被厂房占。

十二、广西十八怪

第一怪：绣球最大马最矮；
第二怪：男女恋爱摆歌台；
第三怪：大年初一祭蚂拐；
第四怪：百岁寿星能打柴；

第五怪：草帽盖着地一块；

第六怪：稻谷种到云天外；

第七怪：不叫南海叫北海；

第八怪：海边红树也怀胎；

第九怪：象鼻饮水山叠彩；

第十怪：米粉吃出三大派；

第十一怪：粽粑大得像猪崽；

第十二怪：石头当成宝贝卖；

第十三怪：礼品店里卖棺材；

第十四怪：满街都是一脚踹（电动派）；

第十五怪：山在城里楼在外；

第十六怪：乐业天坑成群摆；

第十七怪：千年铜鼓敲不坏；

第十八怪：花山壁画好难猜。

十三、海南十大怪

第一怪：三条沙虫一碗菜；

第二怪：树根包在树皮外；

第三怪：老太爬树比猴快；

第四怪：一条蚂蟥当腰带；

第五怪：牛头下雨牛尾晒；

第六怪：头上斗笠当锅盖；

第七怪：火车没有牛车快；

第八怪：青石板上煎鸡蛋；

第九怪：大姑娘抱着孩子谈恋爱；

第十怪：姑娘像老太，老太像妖怪。

十四、潮汕十八怪

第一怪：功夫茶香浓得怪；

第二怪：佛道不分一同拜；

第三怪："买"是"不要"，"有"是"无"；

第四怪：粥是最爱药当菜；

第五怪：活蟹生蚶吃不坏；

第六怪：八月成神速度快；

第七怪：敬神要把神拖坏；

第八怪：海水淹井水不坏；
第九怪：地瓜叶子护国菜；
第十怪：一条水布随身带；
第十一怪：木船前头红一块；
第十二怪：泰国国王潮州仔；
第十三怪：琴棋书画自成派；
第十四怪：骑楼避雨又防晒；
第十五怪：涂角垒墙当砖块；
第十六怪：火车路距站十里外；
第十七怪：舌镜微妙解不开；
第十八怪：海盗藏宝谜难猜。

十五、晋南十大怪

第一怪：房子（比着）朝天盖；
第二怪：出门（总）带（馍）布袋；
第三怪：爱系红裤带；
第四怪：擦屁股用土块；
第五怪：抱娃谈恋爱；
第六怪：乱弹吼起来；
第七怪：饭锅粘炉台；
第八怪：男人（恋家）不出外；
第九怪：光吃辣椒不吃菜；
第十怪：凳子不坐蹲起来，儿子有喜爸插艾。

十六、武汉九大怪

第一怪：公车开得比高速快；
第二怪：吃饭没人帮点菜；
第三怪：西瓜不是整个卖；
第四怪：花圈寿衣满街卖；
第五怪：行人单车走一块；
第六怪：三个饺子卖两块；
第七怪：麻木还比公车快；
第八怪：公车上面吃饭菜；
第九怪：发廊名字太奇特。

十七、贵州八大怪

第一怪：地无三尺平；
第二怪：天无三日晴；
第三怪：牛头下雨牛尾晴；
第四怪：石板刀瓦盖；
第五怪：辣椒当蔬菜；
第六怪：四个老鼠一麻袋；
第七怪：树皮当药卖；
第八怪：背着孩子谈恋爱。

十八、桂林十八怪

第一怪：山似万物碧水带；
第二怪：山在城里楼在外；
第三怪：老树抱住石头爱；
第四怪：书画石刻风洞载；
第五怪：鱼鹰渔夫小竹排；
第六怪：桂花八月满城开；
第七怪：鸡蛋鸭蛋论个卖；
第八怪：巴爷儿歌唱不衰；
第九怪：斤鸡六狗"黄"最爱；
第十怪：天下名桥聚一块；
第十一怪：辣酱腐乳当宝卖；
第十二怪：游人多过本地仔；
第十三怪：西街满眼是老外；
第十四怪：马肉米粉是道菜；
第十五怪：公车不用掏钱袋；
第十六怪：山水摆起大舞台；
第十七怪：酒肉朋友不算坏；
第十八怪：王城独秀紫金带。

十九、济南十八怪

第一怪：打车付钱加一块；
第二怪：街头烧烤人人爱；
第三怪：公交没有牛车快；

第四怪：电线杆子路边排；

第五怪：不说很好说岗赛；

第六怪：广场绿地尽种菜；

第七怪：修路没有扒得快；

第八怪：茅屋旁边高楼盖；

第九怪：城中到处地摊摆；

第十怪：人行道上水泥块；

第十一怪：一到雨天闹水灾；

第十二怪：道路适宜拉力赛；

第十三怪：公交九点就停开；

第十四怪：繁华街区旧民宅；

第十五怪：周末广场看球赛；

第十六怪：姑娘不太会穿戴；

第十七怪：烧饼羊汤真不赖；

第十八怪：富贵路段尽乞丐。

二十、拉萨八大怪

第一怪：八郎学的衣服免费洗晒；

第二怪：吉日的疯牛餐厅有好菜；

第三怪：什么发票都老大的一块；

第四怪：八角街的商品用外语卖；

第五怪：喇嘛辩经像演讲竞赛；

第六怪：药王山的石匠是小女孩；

第七怪：街头姑娘夏天把口罩戴；

第八怪：洗澡淋浴的房子街边盖。

二十一、丽江十八怪

第一怪：星星月亮背上戴；

第二怪：东巴文字像图画；

第三怪：百岁寿星多老太；

第四怪：古城四季花不败；

第五怪：古城石板踩不坏；

第六怪：锅灶搭在流水上；

第七怪：土司的背箩不能站；

第八怪：生意买卖女人做；

第九怪：棍棍棒棒元宵买；

第十怪：女人杀猪比男人快；

第十一怪：摩梭爸爸住家外；

第十二怪：猪槽能把船来代；

第十三怪：凉粉用锅煎着买；

第十四怪：丽江粑粑放不坏；

第十五怪：老虎跳过江岸；

第十六怪：千龟爬在云天外；

第十七怪：四季衣服同穿戴；

第十八怪：纳西古乐传海外。

二十二、南宁十八怪

第一怪：四时花草绿不败；

第二怪：满城果树连成带；

第三怪：满街都是一脚踹；

第四怪：单车头上阳伞盖；

第五怪：瓜果蔬菜烤着卖；

第六怪：一年流行一种菜；

第七怪：餐餐米粉也不赖；

第八怪：想吃鸭子到郊外；

第九怪：美食纪录破得快；

第十怪：友仔友女不排外；

第十一怪：说话爱把尾音带；

第十二怪：有毛小球常打坏；

第十三怪：出门扑克随身带；

第十四怪：划拳猜码有竞赛；

第十五怪：南巴凉鞋真真实；

第十六怪：半夜三更还在外；

第十七怪：晚会门票打折卖；

第十八怪：民也可以赚外快。

二十三、柳州十八怪

第一怪：水绕龙城桥作带；

第二怪：石头当成宝贝卖；

第三怪：礼品店里卖棺材；
第四怪："高顶篷"车满城开；
第五怪：喉宝牙膏名在外；
第六怪：的士起步才三块；
第七怪：吃着火锅真痛快；
第八怪：螺蛳米粉成品牌；
第九怪：时风双马已不在；
第十怪：鱼峰山下摆歌台；
第十一怪："柳江"化石耀万代；
第十二怪：柳侯衣冠人人拜；
第十三怪：风雨桥边油茶卖；
第十四怪：云片米糕真不赖，
第十五怪：男友是"蛇"女称"拐"；
第十六怪：称谓父母把"们"带；
第十七怪：街边树下麻将牌；
第十八怪：侠义激情柳州仔。

二十四、哈尔滨十大怪

第一怪：秋林面包像锅盖，禁嚼抗嚼又拉拽，又好吃又好带，搁上十天半月都不坏；

第二怪：红肠小肚供不上买，滋味配合不腻人，探亲访友做礼品，到那儿都是上等菜；

第三怪：越冷越吃凉冰块，糖葫芦冰棒销得快，冻梨冻柿子冻水饺，想吃就吃那都卖；

第四怪：狗拉爬犁比汽车跑得快，常搞越野拉力赛，冰雪天，荒郊外，想不尽的冰雪情味生态；

第五怪：冬泳健儿大有人在，松花江里游得快，风雪助阵齐喝彩，啊呀啊呀能耐；

第六怪：老年秧歌贼来派，全是老头老太太，冰雪名城填风度，欢欣无尽春长在；

第七怪：貂皮大衣毛朝外，贼拉敢穿又敢带，大年夜姑娘美，小伙子帅，个顶个的招人爱；

第八怪：喝起酒来像浇灌，酒量大年夜来速度快，经常进行啤酒节，专有那喝啤酒的大奖赛；

第九怪：冰雪大世界造得快，冰雕雪雕千姿百态，五光十色放异彩，巧夺天工，满意神州国表里；

第十怪：冰天雪地花不败，满街都是大白菜，三九严寒冰不死，腊月春风吹不败。

二十五、深圳八大怪

第一怪：跨国公司，一张桌子两个人；
第二怪：上班像机械，下班像冲刺；
第三怪：跳槽就像吃凉菜；
第四怪：深圳就算是我家，过年也要大逃亡；
第五怪：收割租金是农夫；
第六怪：三十五六不成婚；
第七怪：同居再来谈恋爱；
第八怪：老夫少妻天仙配。

二十六、杭州九大怪

第一怪：马路造好就挖开，施工老板把钱赚；
第二怪：三米六个窨井盖，井盖常常被人卖；
第三怪：赚钱没有花钱快，物价指数往上蹿；
第四怪：买房要背三代债，桥洞下面睡得安；
第五怪：走路可与汽车赛，汽车没有走得快；
第六怪："某某之都"随口来，没有钞票都没用；
第七怪：步行街被车压坏，是汽车还是坦克？
第八怪："公交"事变常常在，公交司机真厉害；
第九怪：警察要比混混厉害，否则如何抓流氓？

二十七、南京十大怪

第一怪：城墙弯曲随便盖；
第二怪：毛娃满月抱门外；
第三怪：羊肠小巷出不来；
第四怪：马桶随手满街晒；
第五怪：穿着裤头扎皮带；
第六怪：老头就怕老太太；
第七怪：各色石头满街卖；
第八怪：街边常常摆擂台；
第九怪：家家户户吃野菜；
第十怪：四件比肉卖得快。

二十八、成都十八怪

第一怪：一日三餐吃泡菜；

第二怪：三只眼睛看世界；

第三怪：午夜"鬼饮食"大叫卖；

第四怪：张口就把"话把"带；

第五怪：麻将摆开吇不倒台；

第六怪：死只耗子闸断街；

第七怪：耙耳朵男人美女爱；

第八怪：牵只名犬装阔太；

第九怪：操洋盘的最玩派；

第十怪：说方言把大使拜；

第十一怪：不泡茶馆把病害；

第十二怪：靓女大吼"雄起来"；

第十三怪：太阳出来挤起晒；

第十四怪：周末结队跑城外；

第十五怪：吃了火锅看球赛；

第十六怪：美男作家站成排；

第十七怪：玄龙门阵吃得开；

第十八怪：越是小报越好卖。

二十九、湛江十大怪

第一怪：地方不分两块（赤坎、霞山）；

第二怪：郊委在市内，地委在郊外；

第三怪：牛车走得比汽车快；

第四怪：人不穿鞋牛穿鞋；

第五怪：牛车后边有粪袋；

第六怪：牛车上谈恋爱；

第七怪：小小草席街上摆；

第八怪：18岁姑娘挂烟袋；

第九怪：短衫穿在长衫外；

第十怪：咸鱼煲生蒜是名菜。

三十、无锡八大怪

第一怪：高楼大厦乱如麻；

第二怪：政绩工程全搞大；
第三怪：道路翻建遍地挖；
第四怪：公交出行有时差；
第五怪：闹市小偷旁无他；
第六怪：江南晚报早上发；
第七怪：电视主持穿白褂；
第八怪：东林书院多马甲。

三十一、三亚七大怪

第一怪（市容）：酒店建在城市外；
第二怪（的士）：五十元才跑一条街；
第三怪（风光）：除了石头只有海；
第四怪（风味）：翻来覆去两道菜；
第五怪（残暴）：一个椰子卖五块；
第六怪（物价）：美丽珍珠没人爱；
第七怪（当心）：骗子劫色又劫财。

三十二、徽州八大怪

第一怪：豆腐长毛上等菜；
第二怪：石缝里边松成材；
第三怪：烙饼石头压起来；
第四怪：花山谜窟无记载；
第五怪：牌坊成群一线排；
第六怪：马头成墙望天外；
第七怪：古宅大门朝北开；
第八怪：摸秋非偷任采摘。

三十三、陕西十八怪

第一怪：蒸面稠酒人人爱；
第二怪：家家户户泡酸菜；
第三怪：尼龙袜子套草鞋；
第四怪：石板上房当瓦盖；
第五怪：公交汽车跑城外；
第六怪：背篓里面把娃带；

第七怪：虫虫能当下酒菜；
第八怪：杀猪不卖熏起来；
第九怪：豆腐皮子串起来；
第十怪：老人爬山比猴快；
第十一怪：孙子爷爷玩笑开；
第十二怪：浆巴长毛不算坏；
第十三怪：喊人好像把歌赛；
第十四怪：路边房子连着盖；
第十五怪：树根树桩到处摆；
第十六怪：车从山肚跑出来；
第十七怪：洋芋烩面能当菜；
第十八怪：山上水田草帽盖。

任务二　各地怪闻含义探究

一、广西十八怪详解

1. 绣球最大马最矮

靖西旧州绣球，百色德保矮马。

绣球是壮族同胞的定情物和吉祥物，有700多年历史。绣球由12花瓣组成，绣上每月的花卉或鸟虫，表示年年月月不分离，幸福美满。靖西所产的绣球结构独特，选料考究，且全部以手工精制而成，小巧玲珑，色彩鲜艳，为广西绣球中的上品。广西2006年曾向北京捐赠2 008个绣球，预祝北京2008年奥运成功举办。

德保矮马是我国稀有的良种马，也是世界最矮的马，高度在106厘米以下，最矮只有85厘米，比世界著名的英国矮马还要矮。

2. 男女恋爱摆歌台

广西素有歌海的美誉，农历三月三的歌圩是壮族等少数民族的盛大节日，对歌更是成为青年男女交往恋爱的重要方式。在壮乡想对心上人献殷勤一定是说的没有唱的好听。

3. 大年初一祭蚂拐

蚂拐是壮语的谐音，指青蛙。青蛙被视为雷的保护神，掌管雨水，民间有俗语"青蛙叫，雨来到"。

4. 百岁寿星能打柴

巴马盘阳河畔是拥有百岁老人最多的地方之一。这里自然环境特殊，有独特的长寿食物：玉米、红薯。老人们长期坚持生产劳动，生活起居规律，性格乐观，身体特别好。在这里看到百岁老人去打柴或下田种地一点都不奇怪。

5. 草帽盖着地一块

广西喀斯特地貌面积有8.95万平方千米，勤劳的山民因地制宜，开垦出小块的田地，因此流传一首民谣："瓢一块，碗一块，草帽下面盖一块。"

6. 稻谷种到云天外

以龙脊梯田为代表的梯田文化，反映了广西人民热爱劳作的精神风貌。梯田从山脚盘绕到山顶，小山如螺，大山似塔，层层叠叠，高低错落，气势恢宏，有梯田世界之冠的美誉。

7. 不叫南海叫北海

南海是广东省的一个地名，而北海是广西的一个南面沿海城市。在祖国南面，为什么叫北海呢？这有两个说法。一说，北海的地理位置是"大海的嘴巴"，其发音就是北海地名的发音。二说，北海这个小城始发于北面海，渔民们经常停靠在北面海补充物资、销售海鲜，久而久之在这里就形成了一个小渔村，北海是北面海的简称。

8. 海边红树也怀胎

红树林是一种独特的胎生植物。种子在树上的果实中发芽，然后脱离母体坠入淤泥中生长。

9. 象鼻饮水山叠彩

桂林有象鼻山和叠彩山，象鼻山是桂林的城徽。

10. 米粉吃出三大派

广西人对米粉情有独钟，不但爱吃，还吃出了别具一格的"米粉文化"。南宁的老友粉、桂林的马肉米粉、柳州的螺蛳粉号称广西三大名粉。

11. 粽粑大得像猪崽

广西的少数民族逢年过节都包粽粑，而且个头比其他地方大。这种粽粑在当地被称为"枕头粽"，有小猪崽般大小，可供一家人食用好几天。大粽粑是节日里举家团聚时吃的食品和馈赠亲友的礼品。

12. 石头当成宝贝卖

奇特的喀斯特地貌造就了柳州的奇山异水。得此天佑，柳州一带所产奇石种类多、品质好，共有9大类，五六十个品种，号称"柳州奇石甲天下"。石玩艺术成为深受柳州市民喜爱的一种社会文化现象，不仅醉心此道的玩石者众，而且形成了颇具规模的石玩产业。

13. 礼品店里卖棺材

在我国流传着"生在苏州，长在杭州，吃在广州，死在柳州"的民谚。"死在柳州"意为柳州棺材质优工巧、饮誉全国，仙逝时得一副足矣。如今，人们已经不再兴土葬，柳州寿板业不复当年的风光，但是，柳州棺材作为工艺品仍广受欢迎，其尺寸变小了，一些人购之作为家居摆设，亦喜其谐音"升官发财"之意。寿棺大多采用香樟、香杉、香柏等名贵木材制作，主要有百寿、百福、九龙3种外观设计。

14. 满街都是一脚踹

俗称"一脚踹"的摩托车遍布广西城乡，是深受群众喜爱的一种交通工具。据统计，南宁市每2.5人拥有一辆摩托车，密度远远高于其他城市，而且有全国独一无二的摩托车专用道，是名副其实的"骑在摩托车上的城市"。

15. 山在城里楼在外

"山在城里，楼在山边"是很多广西城市的特点，奇山秀峰与楼宇、天桥比肩而立，大自然的山水与城市文明如此巧妙地融合在一起。"我家就在风景区里"，这是颇令当地居民自豪的事情。以桂林山水为代表的自然景观，被誉为世界级的旅游瑰宝。为了保护自然景观，桂林的市区内很少新建高楼。

16. 乐业天坑成群摆

"天坑"是岩溶地区地下河运行形成大面积塌陷造成的，广西乐业天坑群是目前世界上已知的最大天坑群，县境内已发现28个天坑，几乎囊括了各种类型的天坑和溶洞景观，其中大石围天坑为世界第二大天坑。

17. 千年铜鼓敲不坏

广西是铜鼓的大本营，不仅拥有世界上最大的铜鼓，其数量和类型也是最多、最全的。铜鼓象征着权威和财富。令人称奇的是，不少铜鼓历经千年至今仍在民间节庆中使用。

18. 花山壁画好难猜

花山壁画作于左江流域的沿江峭崖上，神情各异的人物图像达1 900多个，距今已有2 000年以上的历史。花山壁画分布之广，作画地点之陡峭，画面之雄伟壮观，作画条件之艰险，都是国内外所罕见。但先民们绘制这个大型的崖壁画用意是什么，至今仍是个谜。

二、分小组实训

同学分成几个小组，收集各地怪闻的相关信息，制作成PPT进行解说。

【项目实践】

实践内容： 学生以学习团队为单位，讨论练习趣味顺口溜对提高导游技能的重要意义，并针对本项目的各个任务进行练习。

能力要求： 学生结合自身情况进行练习，教师进行考核。

项目三

旅途小游戏

知识目标： 了解旅途小游戏的种类，熟练掌握在旅途中做游戏的技巧。

能力目标： 了解并掌握一定量的谜语，熟悉幽默笑话，掌握文字接龙游戏，能针对某一具体旅游活动在导游词讲解中增加互动游戏项目。

思政目标： 渗透社会主义核心价值观，激发学生对祖国语言的热爱，树立正确的"三观"，塑造良好的品格。

参考学时： 8学时（理论2学时，实训6学时）。

模块一　猜谜语

**具体任务**

> 掌握一定量的谜语。
> 在学习生活中收集有趣的谜语在班上共享。

任务一　猜地名

导游带团时时常需要活跃气氛，跟游客多做些互动，把游客逗乐了，后面的工作也就得心应手一些。彼此不熟悉时玩一些益智类的游戏能活跃气氛，如猜谜语、脑筋急转弯、成语歌曲接唱等。当然奖励性的游戏比惩罚类的更容易提高大家参与的积极性。

（1）法官进羊圈。[答案：审羊（沈阳）]

（2）双喜临门。[答案：重庆]

（3）崭新的国土。[答案：新疆]

（4）海上绿洲。[答案：青岛]

（5）风平浪静。[答案：宁波]

（6）黄昏。[答案：落阳（洛阳）]

（7）萤火虫。[答案：昆明]

（8）总是第一。[答案：包头]

（9）十字路口放兔子。[答案：四窜（四川）]

（10）没有夏天。[答案：零夏（宁夏）]

（11）旱灾严重。[答案：五旱（武汉）]

（12）奥特曼老四。[答案：杰克（捷克）]

（13）盼过冬。[答案：希腊]

（14）只想多挣钱。[答案：意大利]

（15）蒙在鼓里。[答案：内蒙鼓（内蒙古）]

（16）满一星期。[答案：达周（达州）]

（17）密密麻麻的线。[答案：万线（万县）]

（18）橘子树。[答案：柑树（甘肃）]

（19）儿童节。[答案：六月（纽约）]

项目三　旅途小游戏

（20）别把蝌蚪弄丢了。[答案：莫失蝌（莫斯科）]
（21）铁肚。[答案：硬肚（印度）]
（22）刚出生的泥巴。[答案：泥巴嫩（黎巴嫩）]
（23）没有柏树。[答案：柏零（柏林）]
（24）难以分开。[答案：分难（芬兰）]
（25）移开炸弹。[答案：挪危（挪威）]
（26）别对哥哥嬉皮笑脸。[答案：莫嬉哥（墨西哥）]
（27）难以跨过。[答案：越难（越南）]
（28）不是绿色的冰。[答案：非绿冰（菲律宾）]
（29）战胜的可惜不是狼是蝌蚪。[答案：胜弗狼惜是蝌（圣弗朗西斯科）]
（30）为你而死。[答案：为你死（威尼斯）]
（31）皇上在山上疯了。[答案：疯皇山（凤凰山）]
（32）四把生了锈的钝刀。[答案：锈四钝（修斯敦）]
（33）鸭子要买好的。[答案：鸭买佳（牙买加）]
（34）天天睡觉。[答案：老卧（老挝）]
（35）不说话的新华字典。[答案：哑典（雅典）]
（36）在沙滩上划船。[答案：划沙（华沙）]
（37）乌龟打鼓。[答案：慢鼓（曼谷）]
（38）高兴的马去拉不说话的山。[答案：喜马拉哑山（喜马拉雅山）]
（39）家养的鸽子进兽医院。[答案：治家鸽（芝加哥）]
（40）七匹狼死了六匹。[答案：一狼（伊朗）]
（41）不收电费。[答案：（免电）缅甸]
（42）捡起铺盖回山寨。[答案：捡铺寨（柬埔寨）]
（43）两个儿子骑马。[答案：two 儿骑（土耳其）]
（44）蚂蚁铗了六下害死了虾子。[答案：蚂六铗害虾（马六甲海峡）]
（45）坟墓里不点灯。[答案：墓里黑（慕尼黑）]
（46）母鹿怀孕了。[答案：鹿生宝（卢森堡）]
（47）燕子雕塑。[答案：石燕（十堰）]
（48）负十减三。[答案：负十三（富士山）]
（49）非竖冰。[答案：横冰（横滨）]
（50）木锤子猪和窝囊废马都疯了。[答案：猪木囊马疯（珠穆朗玛峰）]
（51）花生炖起吃。[答案：花生炖（华盛顿）]
（52）手机、学习机、耳机都忘带了。[答案：落三机（洛杉矶）]
（53）年糕化了又糊了。[答案：年化糊（莲花湖）]
（54）一棵粮食。[答案：单麦（丹麦）]

（55）上去要不得。[答案：下为宜（夏威夷）]
（56）里面有点热是因为里面有炉子。[答案：里约热内炉（里约热内卢）]
（57）战胜对方就会得到财宝。[答案：胜彼得宝（圣彼得堡）]
（58）膝盖闪了。[答案：闪膝（陕西）]
（59）四季如春。[答案：长春]
（60）保护"克隆羊"的牙齿和胡须。[答案：维"多利"牙胡（维多利亚湖）]
（61）从学前班降级。[答案：大班（大阪）]
（62）皇上果然输给了普通平民。[答案：皇果输普布（黄果树瀑布）]
（63）喜欢赖皮的乌鸦。[答案：好赖乌（好莱坞）]
（64）让笔马上消失。[答案：笔立失（比利时）]
（65）东鸭、南鸭和北鸭不是一般的鸭。[答案：西般鸭（西班牙）]
（66）懊悔对弟弟厉害。[答案：懊弟厉（奥地利）]
（67）麻烦把鱼缸递给我。[答案：烦递缸（梵蒂冈）]
（68）姐姐战胜了四头骆驼但要被罚磕头。[答案：姐克四骆罚磕（捷克斯洛伐克）]
（69）耐心听。[答案：闻耐（文莱）]
（70）迷路的鸭子凭缘分到达不了美丽的厕所。[答案：美所不达迷鸭凭缘（美索不达米亚平原）]
（71）老虎和耗子都很特别。[答案：虎和耗特（呼和浩特）]
（72）装死。[答案：死假装（石家庄）]
（73）根号九。[答案：正负三（真佛山）]
（74）想吃芝麻和花生。[答案：（盼芝花）攀枝花]
（75）大地特别绿。[答案：（地特绿）底特律]
（76）北京的故宫下雪了。[答案：白宫]
（77）一个国家每天合起来要磨一万支箭。[答案：每利箭合众国（美利坚合众国）]
（78）一百岁的海虾。[答案：百龄海虾（白令海峡）]
（79）五种卤水木起一坨。[答案：五卤木起（乌鲁木齐）]
（80）你把骆驼和马都压住了。[答案：骆马你压（罗马尼亚）]
（81）把钟还给弟弟。[答案：（弟钟还）地中海]
（82）金山快沉海了。[答案：（救金山）旧金山]

> **拓展阅读** 常用做游戏的惩罚方法
>
> （1）唱歌（可唱半段）。
> （2）给大家讲或读一个笑话。
> （3）用家乡话说一段对白，越经典的越好。

比如：大话西游里的经典台词。曾经有一份真挚的爱情放在我面前，我没有珍惜，等我失去的时候我才后悔莫及，人世间最痛苦的事莫过于此。你的剑在我的咽喉上割下去吧！不用再犹豫了！如果上天能够给我一个再来一次的机会，我会对那个女孩子说三个字：我爱你。如果非要在这份爱上加上一个期限，我希望是——一万年！

（4）学广告。比如学脑白金广告里面的动画人物的动作，当然还有很多搞笑的广告。

（5）说出自己经历中最快乐或最丢人的一件事。

（6）用肢体语言表演成语，直到观众猜出为止。猜出者可获得奖品。

（7）深情地吻墙10秒，对墙壁大声说三次"我爱你"。（椅子、树都行）

（8）表演，选择"装纯情，装异性"等。

（9）跳肚皮舞。

（10）背一位异性绕场一周。

（11）唱青藏高原最后一句。

（12）做一个让大家都满意的鬼脸。

（13）与他人对视10秒。

任务二　搞笑谜语

（1）有一个人，他是你父母生的，但他却不是你的兄弟姐妹，他是谁？[答案：你自己]

（2）什么东西天气越热，它爬得越高？[答案：温度计]

（3）有一位老太太上了公交车，为什么没人让座？[答案：车上有空位]

（4）小王一边刷牙，一边悠闲地吹着口哨，他是怎么做到的？[答案：刷假牙]

（5）用椰子和西瓜打头哪一个比较痛？[答案：头比较痛]

（6）制造日期与有效日期是同一天的产品是什么？[答案：报纸]

（7）为什么有家医院从不给人看病？[答案：兽医院]

（8）哪一颗牙最后长出来？[答案：假牙]

（9）为什么游泳比赛中青蛙输给了狗？[答案：青蛙用蛙泳犯规]

（10）什么东西愈生气，它便愈大?[答案：脾气]

（11）麒麟飞到北极会变成什么？[答案：冰激凌。] 原因：冰激凌（冰麒麟）。

（12）巧克力和西红柿打架，巧克力赢了。为什么呢？[答案：因为巧克力棒]

（13）如果有一台车，小明是司机，小华坐在他右边，小花坐在他后面，请问这台车是谁的？[答案："如果"的]

（14）什么牌子的汽车最讨厌别人摸？[答案：宝马 BMW（别摸我）]

（15）4个人在屋子里打麻将，警察来了，却带走了5个人，为什么？[答案：因为他们打的人叫"麻将"]

（16）天的孩子叫什么？[答案：我材（天生我材）]

（17）为什么飞机飞这么高都不会撞到星星呢？[答案：因为星星会"闪"]

（18）下雨天没多少钱不要出门？[答案：没伞（3）千万别出门]

（19）橡皮、老虎皮、狮子皮哪一个最不好？[答案：橡皮。（橡皮差）]

（20）小白加小白等于什么？[答案：小白兔（TWO）]

（21）有两个人掉到陷阱里了，死的人叫死人，活人叫什么？[答案：叫救命]

（22）有10只羊，9只蹲在羊圈，1只蹲在猪圈，打一个成语。[答案：抑扬顿挫（理由：一羊蹲错）]

（23）有位妈妈生了连体婴，姐姐叫玛丽，那么妹妹叫什么？[答案：梦露（玛利莲梦露）]

（24）一只狼来到了北极，不小心掉到冰海中，被捞起来时变成了什么？[答案：槟榔]

模块二　幽默故事和笑话

 具体任务

- 熟读幽默故事与笑话，多收集笑话在班上共享。
- 在导游词讲解中能做到笑话张口就来。

任务一　幽默故事与笑话

（1）一位小姐去面试，招工经理问她：你有几个小孩？

她说：5个。

经理问：都叫什么？

她说：小明，小明，小明，小明，小明

经理很奇怪：怎么都叫一个名字，那叫他们吃饭怎么办？

她说：很简单，叫小明吃饭了，就都来了。

经理问：那要单独叫一个呢？

她说：那更简单了，叫姓就可以了。

（2）前段时间，我去超市购物，结账台前有两个外国友人在我前面结账。当时店员问："Can you speak Chinese?"两个外国友人用中文回答："如果你讲慢一点的话，我们可以听懂！"店员接着说："Can……you……speak……Chinese?"

（3）一次在食堂吃饭边吃边聊，突然发现自己掉了一点饭在外面，暗自觉得浪费粮食对不起农民伯伯，就捡起来吃了。可是后来发现那饭好像不是我的。

（4）一个人养了一只鹦鹉。这只鹦鹉非常厉害，和它关在一起的其他鸟都被它打死了。后来主人弄回来一只鹰和它放在一起。等主人再来看，笼子外面挂着鹦鹉毛。主人说："这回不牛了吧？"可再仔细看，是鹰死了，鹦鹉光着个身子说："这小子真厉害，不光膀子还真打不过它。"

（5）有人向老板请一天假，老板推心置腹地说："你想请一天假，你在向公司要求什么？一年里有365天你可以工作。一年52个星期，你已经每星期休息2天，共104天，剩下261天工作。你每天有16小时不在工作，去掉174天，剩下87天。每天你至少花30分钟时间上网，加起来每年23天，剩下64天。每天午饭时间你花掉1小时，又用掉46天，还有18天。通常你每年请2天病假，这样你的工作时间只有16天。每年有5个节假日公司休息不上班，你只干11天。每年公司还慷慨地给你10天假期，算下来你就工作1天，而你还要请这一天假。"

（6）魔王：公主，你尽管叫破喉咙吧，没有人会来救你的！

公主：破喉咙！破喉咙……

没有人：公主，不要慌张，我来救你了。

魔王：哇！说曹操，曹操就到！

曹操：魔王，你怎么知道我会来？

魔王：啊？见鬼了。

鬼：糟糕，我被发现了。

糟糕：没有人见到你啊。

没有人：我可没看见鬼，你说我干什么。

魔王：OH! MY GOD!

上帝：魔王，你喊我有什么事吗？

魔王从此得了精神分裂。

（7）父亲带着小儿子在动物园里的老虎笼前，向儿子讲述老虎有多么残暴、凶猛，儿子面容严肃地用心倾听。

"爸爸！"儿子最终说道！

"如果老虎冲出笼子并且要把你给吃了……"

"那，那……怎么办，儿子？"父亲满怀期待地问。

"那么，我该乘哪路公共汽车回家？"

（8）"三下乡"活动中，村支书非拉着我同学的胳膊让他帮忙把村头墙上的标语翻译成英文。

同学实在受不了折磨，于是大笔一挥写下：树新风 = tree new bee!

（9）一只北极熊和一只企鹅在一起玩耍，企鹅把身上的毛一根一根地拔了下来，拔完之后，对北极熊说："好冷哦！"

北极熊听了，也把自己身上的毛一根一根地拔了下来，转头对企鹅说："果然很冷！"

（10）小红问：你搅拌咖啡的时候用右手还是左手？

小美说：右手。

小红说：哦，你好厉害哦，都不会怕烫，我都用汤匙。

（11）有一天动物们在关公庙前面闻到很臭的味道。

蛇说："我这么小不会放这么臭的屁，一定是牛。"

牛说："我是吃草的不会放这么臭得屁。"

猪说："放屁的人一定会脸红。"

忽然，关公冲了出来，把猪打飞说："说了多少次了，我脸红是天生的。"

（12）一个人一天碰到上帝，上帝突然大发善心打算给那人一个愿望。

上帝问："你有什么愿望吗？"

这个人想了想："听说猫都有9条命，那请您赐给我9条命吧。"

上帝说："你的愿望实现了。"

一天，这个人闲来无聊，反正有9条命，就躺在铁轨上。

结果一辆火车开过去，那人还是死了。

这是为什么呢？因为火车有10节车厢。

（13）一天，小美和她男友开车出去兜风，车快没油了，刚好旁边有个加油站，开过去的时候，突然一阵狂风把她男友的帽子刮跑了。男友对她说："我去捡帽子，你帮我加油。"男友刚跑开不远，就听到小美在后面大喊："加油！加油！"

（14）一个小孩躲在厕所里吸烟，被老师抓到。老师问他为什么吸烟。他低下头，深沉地回答："祖国未统一，心情很郁闷！"

（15）医院为防止病人出逃外设了100道墙，两精神病患者仍欲逃出医院。于是努力翻墙。至第30道墙下，一人问道"累了吗？""不累。"

于是二人继续向外翻。至第60道墙下，"你累了吗？""不累。"

于是二人继续向外翻，至第99道墙下，"你累了吗？""累了。"

"那好，我们翻回去吧。"

任务二 适合车上玩的小游戏

一、绕口令

一只青蛙一张嘴，两只眼睛四条腿，呱呱。

接下来的人翻倍说，说错就表演一个节目。表演节目也要看场地，如果地方太小就建议在座位上。常见的表演当然是唱歌，但最好是让大家说让他表演什么，从而最大限度地调动游客的积极性。

二、成语接龙

成语接龙有好几种方式：一就像一心一意，异想天开等；还有就是从一、二、三到九字开头的成语一轮一轮地说下去，说完之后可以在成语前加个语境，就更有意思了。

三、刨根到底

说出一个有尽头的事物，如常见的人体器官、动物的种类等。肯定有人说不上来或者说到尽头，就可以让其表演节目。当然，这中间导游起到一个承前启后的作用，导游一定要参与。

四、讲笑话

任务一列出的笑话都可以讲。

五、吃牦牛

用"我最喜欢吃牛的××（身体的某一部分）……"，让客人轮番说，将牛身上能吃的都说一遍，谁重复了就表演节目。这个既打发时间，也很好玩。

六、对歌或讲笑话

让游客讲笑话或唱歌，可能常会遇到游客不配合，造成冷场。这时可以带动游客来鼓掌（鼓掌的方式有多种），可以让游客学小动物叫，也可跟着导游学绕口令之类相对简单的。当然，为了鼓励他们参与，也可以分成几队来表演节目（像对歌大赛）。让没参与的人来评判，第一名的适当给点奖励！

七、你做我猜

电视上有这类的节目，就是一个人比动作或用语言描述，另一个人来猜。可以猜车上的物品，可以猜景区，可以猜一个动作……导游当裁判，给获胜的一方颁奖一包牛肉干，或一瓶矿泉水。

八、击鼓传花

这是一个幼儿园小朋友都会玩的游戏，可以用可乐瓶或导游旗代替手绢。导游在前面唱歌，歌一停，谁拿到瓶子（或导游旗）谁就表演节目。

九、车上跳舞

这里所说的跳舞只是坐在车上。导游伸左手,客人就得伸右手。无论导游做什么动作,如果有游客和导游一样,就输了,就罚唱歌。

十、明七暗七

所谓明七就是7、17、27之类的;暗七就是7的倍数。有时玩的时候还把15也算上,这些都是不能说的数字,轮到了就得跳到下一个数字,15就用手做一个大月亮。如果说错了,就要罚表演节目。

十一、青蛙陷阱

一只青蛙一张嘴,两只眼睛四条腿;两只青蛙两张嘴,四只眼睛八条腿。以此类推,每人一句,量词或数词说错了就要挨罚。

十二、故事接龙

如果遇到一些综合能力比较强的游客,还可以玩"故事接龙"的游戏。导游首先选好一个容易让人产生兴趣的故事情节,说出开头部分后,就由游客往下接(要把握好游客接故事的速度和分寸),遇到没有接上的,就让他表演节目。在这期间,导游一定要起到承上启下的作用。

十三、词语组合

准备好纸和笔,发给游客3张白纸。第一张写上姓名,第二张写上地名,第三张写上最爱做的事情(地方和事情越夸张越好),分别放进3个袋子里,再让游客抽,形成新组合,会有很多意想不到的有趣事发生。如果有小礼品就更好了,技巧由导游自己掌握。

十四、绕口令类

第一位说:走一走、扭一扭、见一棵柳树、搂一搂。第二位就得说:走两走、扭两扭、见两棵柳树、搂两搂。数到十后返回从一开始。游戏规则是,讲错了就罚表演节目。讲自己家乡的绕口令,效果也很不错。

十五、猜地名或人名

游客来自五湖四海,游过大江南北,很多是爱旅游的。那就让他们来猜:金银铜铁——无锡、四季温暖——长春、一路平安——旅顺、风平浪静——宁波。如果游客觉得难度太大,导游可以适当给点提示。另外,也要准备一些小礼品。

十六、眨眼传数字

将车上的人分为四组,请导游在车尾轻声告诉每组最后一位游客一个数字(每组不同),注意不可让其他人听到。一开始可先传二位数字,左眼代表十位数,右眼代表个位数,譬如传的数字是 58 就左眼眨五下,右眼眨八下。当后面一位开始传时,其他人的眼睛都只能看前面,等后面一位伙伴拍你肩膀时才能回头,就好像在玩"超级比一比"。因此,此活动又可称为"超级眨一眨"。

【项目实践】

实践内容:以学习团队为单位,讨论练习幽默笑话对提高导游技能的重要意义,并对本项目的各个任务进行练习。

能力要求:学生结合自身情况进行练习,教师对学生进行考核。

项目四

民歌演唱

知识目标： 了解中国民歌的基本情况；掌握部分民歌曲目。

能力目标： 熟悉民歌演唱的方法；会唱广西民歌。

思政目标： 培养学生的国家情怀、民族精神和时代精神，认同中华传统文化。

参考学时： 12 学时（理论 2 学时，实训 10 学时）。

模块一　中国民歌概况

> **具体任务**
>
> - 了解中国民歌的起源和发展情况。
> - 掌握我国民歌的分布情况。
> - 掌握汉族民歌的 3 大主要类型和代表曲目。

任务一　民歌的起源和发展情况

民歌，即民间歌谣，属于民间文学中的一种形式，能够歌唱或吟诵，多为韵文，是劳动人民集体的口头诗歌创作。

民歌是人类历史上产生最早的语言艺术之一。我们的祖先，在生产劳动中，创造了音乐，唱出了最早的民间歌曲——劳动号子。原始的民歌，同人们的生存斗争密切相关，是人们生活的重要组成部分。随着人类历史的发展、阶级的分化和社会制度的更新，民歌涉及的层面越来越广，其社会作用也愈来愈重要。

《诗经》中的《国风》，是我国古代最早的民歌选集。它汇集了从西周到春秋约 500 多年间流传于北方 15 个地区的民歌。《国风》中的民歌，大多揭露了统治阶级的剥削本质，表达了被剥削阶级的反抗思想和斗争精神。如：《伐檀》，它以辛辣的语言讽刺和诅咒了剥削阶级的不劳而获；在《硕鼠》中，更把剥削阶级比作贪得无厌的老鼠，刻画出劳动人民对奴隶主的切齿痛恨和对于"乐土""乐园"的向往。战国后期，诗人屈原等人，对楚国民歌进行了搜集整理，并根据楚国民歌曲调创作新词，被称为《楚辞》。《楚辞》中的不少作品，充满了热爱祖国和人民的感情，充满了浪漫主义色彩。

西汉时期，汉武帝设立了一个音乐管理机构——乐府，从事民歌的搜集和整理。入乐的歌谣，被称为"乐府诗"或"乐府"。这一时期的民歌在形式上已发展成为长短句和五言、七言体，并加进了乐器伴奏。《孔雀东南飞》等长篇叙事歌曲的产生，同时标志着这一时期的民歌在不断发展和日臻成熟。

南北朝时期是我国各民族大融合时期，民歌分为南朝民歌（南方民歌）与北朝民歌（北方民歌）两大部分。这一时期民歌的显著特点是多民族音乐文化的交流、融合。不论北方民歌的粗犷、豪放；还是南方民歌的清新、活泼，都不是单一民族风格色彩。这种南北民歌的不同风格，在今天现存的南北民歌中仍然能分辨出其深远的影响。

唐宋代是中国封建时代文化兴盛时期。盛唐时期，边疆民族的歌舞艺术大量传入中原，对中原的音乐产生了重大的影响。宋代时，民间音乐中的说唱与戏曲逐渐形成。有关唐代的民歌，我们从敦煌所藏曲子中可以找到一些，如《五更啭》。宋代的"曲词"很盛行，当时这是一种来自民间的新型演唱形式。

元代以"小令"闻名。"小令"是民歌的一种，现今西北地区的民歌仍有以"令"命名的山歌。元代的小令流传后世的很少，元代统治者对民间带有不满与讽刺时事为内容的民歌，视如洪水猛兽，严禁传唱。

明、清是封建社会的末期，新兴的资本主义经济开始萌芽，中、小城镇市民阶层兴起，阶级矛盾与民族矛盾都十分尖锐。在这种历史背景下，人民思想异常活跃，民歌特别兴盛。这时已有半职业艺人演唱民歌小曲。清末随着中国进入了半封建半殖民地社会，反封建、反抗外来侵略的主题成了近代民歌的时代特点。

20世纪以来，经历了1911年的辛亥革命，1919年的"五四"运动后，民歌进入了一个新的阶段，反映人民革命和团结一致抵抗外来侵略题材的民歌空前繁荣。此外，如争取婚姻自由、男女平等、反对烟毒的民歌也为数不少。值得一提的是，1942年以后在延安兴起的向民间音乐学习的运动起到了划时代的意义，揭开了现代音乐史新的一页。

1949年新中国成立以后，劳动人民翻身做主人，反映人民新生活的民歌如春笋般大量涌现出来，不但题材新颖多样，而且音乐格调更加活泼、热烈、开朗、明快，充满了向上的激情和乐观主义精神，而且大多保留着"诗、歌、舞"相结合的形式。人们用歌声唱出了对党、对毛主席、对新生活的无限热爱，创作了如《东方红》《咱们的领袖毛泽东》《浏阳河》《八月桂花遍地开》等传世之作。

> **拓展阅读**　《浏阳河》
>
> 《浏阳河》是根据湖南民歌旋律于1951年创作的。自创作以来，广为流传，分别有多位演唱家，如蒋大为、李谷一、宋祖英等，以不同方式及风格进行演绎。歌曲源自徐叔华创作的小歌舞剧，描写的是农民在丰收之后向国家缴纳公粮的喜悦心情，表达了对毛主席的爱戴，生活气息浓厚，再加上歌词通俗易懂，感情真挚，所以很快受到了老百姓的欢迎。

任务二　我国民歌的分布

根据不同的民族文化背景以及民歌的不同风格色彩，中国民歌大体可以分为7个不同的风格色彩区：北方草原文化民歌区；西部受伊斯兰文化影响的新疆民歌区；西部受佛教文化影响的藏族民歌区；西南高原多民族古老原始文化民歌区；东北受萨满教影响的狩猎文化民歌区；西北高原多民族半农半牧文化民歌区；中原及东部沿海有着古老传统文化的汉族民歌区。

至于每个民歌区的民歌分类，由于民族不同，各自有其传统的分法，不可能划一，只能存异。

一、北方草原文化民歌区

这一民歌区主要处于现在的内蒙古自治区，以蒙古族民歌为代表。蒙古族历来有"音乐民族""诗歌民族"之称。其民歌可分"长调""短调"两大类。"长调"民歌主要流行于东部牧区以及阴山以北地区，特点是字少腔长，富有装饰性，音调嘹亮悠扬，节奏自由，反映出辽阔草原的气势与牧民的宽广胸怀。牧歌、思乡曲、赞歌等大多属于长调。闻名的曲目有《辽阔的草原》《牧歌》等。"短调"主要流行在西部、南部半农半牧区，其特点是结构短小，节奏规整，不少叙事歌、情歌、婚礼歌都属于"短调"。著名的短调民歌有《森吉德马》《小黄马》等。草原文化民歌的共性是表现出草原牧民的质朴、爽朗、热情、豪放的情感与性格。此外，还有一种"蒙汉调"，它是蒙、汉两个民族的音乐文化相互吸收、相互交流的产物。流行于河套一带的"爬山调"也是蒙、汉民族共同喜爱的歌种。

二、西部受伊斯兰文化影响的新疆民歌区

这一民歌区地处新疆，以维吾尔、哈萨克民歌为代表，它受过来自中亚伊斯兰传统文化的影响，与阿拉伯音乐文化有着一定的联系。维吾尔族是一个能歌善舞的民族，其歌舞艺术以"十二木卡姆"闻名于世，民歌有爱情歌、劳动歌、历史歌、生活习俗歌4大类。维吾尔民歌在音调方面包括中国音乐、阿拉伯、欧洲3种音乐体系，它是中国民歌音调多元化来源最突出的一种。不少民歌与舞蹈相结合，具有活泼、风趣的格调。闻名中外的民歌有《阿拉本罕》《半个月亮爬上来》《达坂城》《送我一朵玫瑰花》等。

哈萨克族主要居住在北疆，从事牧业。其民歌可分为3大类：①词曲固定的民歌（包括牧歌、狩猎歌、情歌、宗教歌等）；②即兴填词的民歌（包括山歌、渔歌、谜语歌等）；③习俗歌（包括婚礼歌、哭嫁歌、送嫁歌等）。其中以情歌数量最多，大多表现情人离别的痛苦和祝福。哈萨克民歌中有中国音乐和欧洲音乐两种体系。中国音乐体系以宫、羽调式最多，闻名全国的有《玛依拉》《等我到天明》等。

三、西部受佛教文化影响的藏族民歌区

这一民歌区包括西藏、青海、四川的部分藏族聚居地区。民歌包括山歌（牧歌）、劳动歌、爱情歌、风俗歌、诵经调5大类。民歌演唱活动大都与佛教节日有关，民歌中不少是与舞蹈结合在一起的，如"囊玛""堆谢""果谢""锅庄"等歌舞。音乐属于中国音乐体系，民歌的特点是热情、开朗、诚挚、动人，极富高原特色，节奏律动性强。闻名的民歌有《北京的金山上》等。《北京的金山上》原来是一首箭歌（即狩猎歌），最初流传在西藏的东南部林区，如今成为流传全国的新民歌。

四、西南高原多民族古老原始文化民歌区

这一民歌区包括云南、贵州、广西等地的少数民族聚居地区。该区民歌有着不同层次的古老文化特征，具有特殊的社会功能。民歌大多为"诗、歌、舞"相结合的演唱形式，内容复杂多样，同时存在着不同历史阶段的民歌。一些民族没有文字，民歌成了他们记载历史、传播知识以及进行社交活动的重要手段，已成为他们日常生活中不可缺少的一部分。所有这些都反映出特殊的、多层次的文化现象。这一地区的代表性民歌是多声部民歌。民歌的分类有"大歌""小歌"。大歌以侗族、布依族、壮族等民族的最闻名。大歌又分男声、女声、童声三种。男声大歌一般节奏性较强，曲调明快。女声大歌节奏较自由，旋律细腻、柔和。小歌除二声部外也有单声部民歌。内容以爱情为主，一般是青年男女在室内用小嗓轻声唱。此外，还有古歌，以苗族的古歌历史最悠久，内容叙述天地的形成、人类的起源、游方的起因等。曲调富于吟诵性，歌唱者多为老人。侗族大歌20世纪50年代即闻名全国，其他民歌如《桂花开放贵人来》《阿细跳月歌》等，也都是具有代表性的曲目。

五、东北部受萨满教影响的狩猎文化民歌区

这一民歌区主要包括东北大、小兴安岭一带，以鄂伦春族民歌为代表（包括鄂温克、赫哲、达斡尔、满族等）。鄂伦春族在1949年前还保留着不少原始社会的痕迹。这是一个喜爱歌舞的民族，过去以狩猎为生，每当狩猎满载归来，或者民族节日，都要歌舞狂欢。他们的民歌可分为3大类：①山歌；②歌舞曲；③萨满调。山歌又分长调、短调。"长调"高亢刚健，节拍自由；"短调"曲调平稳，节奏规整。歌舞曲大多为一领众和形式。萨满调是为请神、跳神、祭祖、葬礼时唱的歌，曲调吟诵式，多为领和。鄂伦春民歌为五声音阶，以宫调式、羽调式居多。他们最喜爱的民歌有《额呼兰·德呼兰》，这是一首歌颂大自然的歌。此外，《鄂伦春族小唱》在全国也很有名。

六、西北高原多民族半农半牧文化民歌区

这一民歌区包括甘肃、青海、宁夏的黄河上游地区，包括汉、回、土、撒拉、保安、东乡、藏、裕固等民族聚居的区域，历史上曾经是"丝绸之路"必经之地，东西文化交流较早，由于长期的多民族杂化交融，产生了8个民族并有的歌种——花儿。该区民歌可分家曲、野曲两大类。"家曲"包括各种酒曲、宴席曲、小词、秧歌等；"野曲"包括"花儿"在内的各种山歌、牧歌等。野曲只能在室外唱。"花儿"为代表性歌种，曲调高亢悠长，格调深沉婉转，气质粗犷、淳朴。不论哪个民族都使用汉语演唱，而各民族有自己的衬词，中外闻名的曲目有《上去高山望平川》。

七、中原及东部沿海有着古老传统文化的汉族民歌区

汉族民歌区在7个区中属于最大的一个，从寒冷的北方到亚热带的南方，从西北

高原、西南高原到东部沿海平原,地理条件、风俗习惯、生活、生产方式多种多样。语言虽同属汉语,但各地方言不同。东、西、南、北差异很大,民歌的风格特点也呈现出多种特征。另外,汉族在北方草原民歌区、西北半农半牧民歌区以及西南高原多民族民歌区都有千万以上的人口,因此,民歌区部分重叠的现象也是存在的。基于以上情况,汉族民歌区又可以分为10个支区和1个特区:①东北部平原民歌支区;②西北部高原民歌支区;③江淮民歌支区;④江浙平原民歌支区;⑤闽、台民歌支区;⑥粤民歌支区;⑦江汉平原民歌支区;⑧湘民歌支区;⑨赣民歌支区;⑩西南高原民歌支区;⑪客家民歌特区。

　　汉族民歌品种繁多,仅其不同的社会功能可以分为10大类,即劳动号子、山歌、小调、田歌、渔歌、茶歌、秧歌(包括灯歌)、风俗歌、儿歌、摇儿歌。

　　(1)东北部平原民歌支区:包括山东、河北、河南东北部、苏北北部等黄河下游地带,以及辽宁、吉林、黑龙江三省区,基本上是一个沿海平原地带。自古以来,黄河下游都属于文化比较发达地区。根据风格上的微小差异,该区又可分为两个小区,山东、河北及河北、苏北的一部分为第一小区;辽、吉、黑为第二小区。第二小区实际是第一小区的移民区。所以民歌同属近似风格。全区使用东部北方方言。这里民歌以小调为主,其次是秧歌、号子,山歌极少。代表性民歌有《小白菜》《画扇面》《沂蒙山小调》《小看戏》等。

　　(2)西北部高原民歌支区:包括山西、陕西大都、河南西北部、内蒙古河套地区以及甘、青、宁汉族聚居地区。东面以太行山为界与东北部民歌区分开,南北各为阴山以南,秦岭以北,属于黄河中上游地区。过去交通不便,民间音乐较少与外地交流,使用西北方言。民歌以山歌最为突出,包括有信天游、山曲、爬山调以及花儿。其次为秧歌、小调。全国闻名的曲目有《走西口》《赶牲灵》《兰花花》《推炒面》《五哥放羊《刨洋芋》《绣金匾》等。

　　(3)江淮民歌支区:包括淮河流域的苏北、安徽大部分地区以及河南东南部地区、西面以大别山与江汉民歌区为界。该区处于黄河、长江流域之间,音乐文化兼容南、北因素,带有过渡性的特征,使用北方方言。民歌以田歌、小调突出,秧歌、山歌次之,闻名的曲目有《凤阳花鼓》《王三姐赶集》《打麦歌》《彼根芦柴花》等。

　　(4)江浙平原民歌支区:包括江苏南部、上海以及浙江大部分地区,地处长江下游,是古代的吴、越之地。文化比较发达,人民生活较富裕,历来有江南鱼米乡之称。方言为吴语。民歌以小调为主,闻名的曲目有《紫竹调》《无锡景》《茉莉花》《哭七七》《对鸟》等。

　　(5)闽、台民歌支区:包括福建、台湾以及广东潮汕地区。福建与台湾自古以来就有文化渊源,此外,两地还有一些共同的地方戏曲、说唱音乐等。民歌以山歌、耘田诗、小调突出,闻名的曲目有《采茶扑蝶》《茶童歌》《天乌乌》等。

　　(6)粤民歌支区:包括珠江流域的广东大部分地区,广西东南部,以及海南部分地区,北面以南岭为界与赣民歌区相邻。这里地处亚热带,珠江横贯东西,文化与海外交流较早。过去广大渔民成为该区一个重要的社会阶层。民歌以渔歌——咸水歌最为突出，闻名的曲目有《落水天》《春牛调》《哩哩美》等。

（7）江汉平原民歌支区：包括湖北、河南西南部以及湖南北部的部分地区，为古代楚文化的中心地带，使用西南方言。古文化比较发达，民间艺术源远流长，至今在许多方面仍保留着古色古香的地方特色。民歌以田歌最突出，其次是灯歌、小调、风俗歌、山歌，闻名的曲目有《黄四姐》《洪湖渔歌》等。

（8）湘民歌支区：包括湖南以及广西东北角上的几个县，地处长江中游南岸，这里也是古代楚地。民尚楚风，地袭楚俗，它与江汉民歌区有着千丝万缕的内在联系，不过使用的方言不同，本区通用湘语方言。民歌最有代表性的是山歌、田歌，闻名的曲目有《马桑村儿打灯台》《一塘荷花一塘莲》《上四川》等。

（9）赣民歌支区：以江西中、北、东部为基本范围，使用赣语方言。地处古代吴、楚之间，吴楚文化对其都产生过一定的影响，具有长江流域东西部文化交流的过渡地带性质，民歌交融性强。以茶歌最有特色，其次为小调、灯歌。田歌中"打鼓歌"也很突出，闻名的曲目有《杜鹃花开》《摘茶籽》《送郎当红军》等。

（10）西南高原民歌支区：包括四川、云南、贵州、陕南以及广西西北部部分地区。北以秦岭为界，通用西南方言。代表性民歌是山歌，其次是灯歌。此外，川江船夫号子也很有特色，闻名的曲目有《小河淌水》《赶马调》《槐花几时开》《我住贵州贵阳府》等。

（11）客家民歌特区：人分布较广，全国有八千余万人口，主要包括广东东北部、福建西南部以及江西东南部三省交界地带，使用客家方言。民歌主要为山歌，闻名的曲目有《灯红歌》《风吹竹叶》等。

任务三　汉族民歌区民歌的主要类型

一、劳动号子

劳动号子简称"号子"，北方常称"吆号子"，南方常称"喊号子"。号子是直接伴随体力劳动，并和劳动节奏密切配合的民歌。它产生于劳动过程中，直接为生产劳动服务，真实地反映劳动状况和劳动者的精神面貌，其音乐形象粗犷豪迈、坚实有力，是某些体力劳动中不可缺少的有机部分。

劳动号子是产生并应用于劳动的民间歌曲，具有协调与指挥劳动的实际功用。在劳动过程中，尤其是集体协作性较强的劳动中，为了统一步伐，调节呼吸，释放身体负重的压力，劳动者常常发出吆喝或呼叫。

劳动号子的特点如下：

（1）号子的律动感很强；

（2）节奏比较固定，与劳动的节奏紧密配合；

（3）曲调铿锵激昂，节奏更固定，沉着有力；
（4）多半采用领唱与齐唱、一人领众人和；
（5）音乐风格坚毅质朴，粗犷豪放。

船工号子

二、山歌

山歌是广大劳动人民在山上、田间、牧场劳动生活时即兴演唱的歌曲，它是劳动人民表达内心思想感情的抒情小曲，又是劳动人民喜爱的一种民歌体裁。山歌的演唱形式有独唱、对唱、领唱、合唱等。我国山歌类型十分丰富，各地山歌的名称也不相同，如陕北的"信天游"、山西的"山曲"、内蒙古的"爬山调"、青海的"花儿"和四川的"晨曲"等。

山歌的特点：旋律爽朗、质朴、悠扬，节奏比较自由。

山歌的题材和内容十分广泛，歌词多为即兴创作，词意表达较为率直。有时为了使歌声传得更远，感情抒发得更充分，常常在歌曲开始时加上一个吆喝性的喊句。

放马山歌

云南民歌

（乐谱）

1. 正月放马（喔噜噜的）正月正哟，赶起马来登路的程，（喊）哟哦，（唱）登路的程。
2. 大马赶在（喔噜噜的）山头哩上哟，小马赶来随后的跟，（喊）哟哦，（唱）随后的跟。
2. 二月放马（喔噜噜的）百草的发哟，小马吃草深山里跑哟哦，深山里跑。不会发，不会发。哟哦
3. 马无野草（喔噜噜的）不会胖哟，草无露水

《放马山歌》是流行于云南西部的一首山歌，歌词简朴、亲切自然，反映了西南高原的一种很传统又很普遍的生产和生活——牧马。

三、小调

小调又称小曲，泛指流行于广大城乡的一种民间歌曲。它主要产生于民间日常生活与风俗活动，故被称为"里巷之曲"。由于各种文化历史传统与生活习俗不同，因此有的地方又将其称为时调、俗曲、小令等。

小调特点：从音乐文化史的角度看，小调的发展更多的是与城镇人民的生活联系在一起的。从词、曲来看，它往往经过许多艺术加工，感情表达比较细腻、委婉，旋律优美流畅，节奏规整，结构也较为严谨。歌词内容大多以咏唱历史传说故事、描写自然风光、抒发离情别绪等为主。

《茉莉花》是中国民歌，起源于南京六合民间传唱百年的《鲜花调》，由著名军旅作曲家何仿采自于六合的民歌汇编整理而成，1957年完成改编曲、词。该首歌曲展现了少女热爱生活，爱花、惜花、怜花，想采花又不敢采的羞涩心情。

茉莉花

1=D 2/4

江苏民歌

3 2 3 5 | 6 5 1 6 | 5 3 5 6 | 1 2 3 2 1 6 1 | 5 — | 5 3 5 6 |
好 一朵 茉莉 花， 好 一朵 茉莉 花， 满 园
好 一朵 茉莉 花， 好 一朵 茉莉 花， 茉莉
好 一朵 茉莉 花， 好 一朵 茉莉 花， 满 园

1 2 3 1 6 5 | 5 2 3 5 3 2 | 1 6 1. | 3 2 1 2.3 | 5 6 1 6 5 |
花 开 香 也 香 不过 它； 我 有心 采 一朵
花 开 雪 也 白 不过 它； 我 有心 采 一朵
花 开 比 也 比 不过 它； 我 有心 采 一朵

5 3 2 3 5 3 2 | 1 2 6. 1 | 2.3 1 2 1 6 | 1 6 5. ‖ 3 2 1 2.3 |
戴， 看花 的 人 儿 要将 我 骂。 我 有心
戴， 又怕 旁 人 笑 话。
戴， 又怕 来 年 不 发 芽。

5 6 1 6 5 | 5 3 2 3 5 3 2 | 1 2 6. 1 | 2.3 1 2 1 6 | 5 6 1 3 2 1 6 1 | 5 — ‖
采 一朵戴， 又怕 来 年 不 发 芽。

此歌曲曾在雅典奥运会闭幕式、北京奥运会开幕式、南京青奥会开幕式等重大场合演出。在国内以及国际上具有极高的知名度，在中国及世界广为传颂，是中国文化的代表元素之一。

模块二　民歌演唱方法

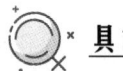 **具体任务**

➢ 掌握民歌演唱方法。
➢ 熟悉民歌经典曲目并逐一练习。

任务一 民歌演唱技巧

一、唱歌的姿态

（1）身体自然直立，上身放松，下半身稳而不僵硬，使整个身体处于精神饱满、生气勃勃的状态。

（2）脚如肩宽，呈丁字型分开站立，支撑点可放在前脚或后脚上，以便歌唱时保持重心稳定。

（3）腰部直立，胸部挺起，微收小腹，两肩平放而略向后舒展，手臂自然下垂。

（4）头眼平视，颈部放松，下巴自然下垂而微向后收。

（5）脸部肌肉放松，表情自然大方。

（6）坐唱时，不要坐满整个凳面，约坐 1/3 的面积。背不要靠在椅子上，腰部稍挺，感觉下背拉直伸长，从头、颈、背到腰，有垂直感。

二、唱歌的口型

歌唱时，口型自然放松张开，能看见上排 6~8 颗牙齿。

三、歌唱者的呼吸

唱歌时的呼吸与日常生活中说话的呼吸是不一样的。在日常生活中，人们通过说话交流思想感情，因为距离较近时所需音量较小、气息较浅。

歌唱时不用很大的力，也不用传得很远。说话连续用嗓时间过长，嗓音就容易疲劳、嘶哑，这种说话的呼吸若用于唱歌就难以完成。唱歌是为了抒发情感，是要唱给别人听的。唱歌时往往是在大庭广众之下，须将歌声传至每个角落，因而要求声音既要有一定的音量，又要有一定的力度变化，要有长时间歌唱的能力，并要求根据歌曲的需要，或长、或短、或强、或弱、或高、或低地有控制地输送气息，要做到这些，就需要一定的技巧。所以唱歌时的呼吸是一种艺术手段，有它自身特有的一套规律和方法。它是一项技术性问题，可以通过后天训练。呼吸练习方法如下：

1. 快吸慢呼

我们可以想象遇到一个久别重逢的老朋友，惊奇地倒抽一口气，就停止在这种状态，几秒钟后仿佛有一股外部的力量将小腹向后推压，感到小腹在这股外来的力量对抗中，气息徐徐向着上齿根的背后发送。这时横膈膜有力地起着支持作用。

2. 慢吸慢呼

（1）生活体验。

闻花香：上身放松，腰很舒服地向外松垮下来，随即胸部也舒张开，腹腔空间增大，气息自然地流进去。

吹蜡烛：点燃面前的蜡烛，呼出气息。不可将蜡烛吹灭，要求慢慢把蜡烛火苗吹向一个方向，且火苗要平稳，摆动幅度不能过大，此时气息匀速、徐缓呼出。

（2）慢吸慢呼的基本要领。

吸气时，胸廓自然向前、向上抬起，而肋肌，包括腰部同时向四周扩张，保持这种状态再将横膈膜以下的肌肉群放松、送气。吸气要与闻花时一样自然、放松、平静、柔和，不要耸肩。呼出的气息一定要均匀、连贯。

总之，歌唱的呼吸，最重要的是要在呼气的过程中，始终保持吸气状态，要让吸气肌肉群有控制地、慢慢地放松，使气息通畅无阻地输出，直至歌声、乐句、停顿、结束。

唱歌中的用气，又被称为"运气"，这两个字确切地指出，歌唱者要有意识地指挥呼吸器官，控制呼吸，使气沉丹田、发自丹田、氤氲自脐间出。

四、歌唱者的发声

唱歌中，在唱高、低、强、弱不同声音时，歌唱器官必须做出相应的调整。歌唱发声练习的目的就是将歌曲演唱中对声音所需求的各种技术环节，通过有规律、有步骤的发声练习，逐步提高歌唱发声的生理机能，调节各歌唱器官的协作运动，养成良好的歌唱状态，使歌唱发声的技术成为歌唱表现的有力手段，为达到声情并茂的演唱服务。

在发声训练中应注意以下几点要求：

（1）每位歌唱者一定要充分理解、运用气息发声和气息控制的方法。

（2）打开喉咙，稳定喉头，是基本功训练的核心。

（3）要恰当地运用好歌唱的共鸣。

（4）正确的发声要与正确的咬字、吐字相结合。

（5）歌唱发声时，还要注意对音准、节奏的训练。

（6）从开始练声起，就要同音乐结合起来，即练声也要有良好的乐感。

五、歌唱者的情感

（1）理解歌曲的内涵。

（2）根据作品的情感，科学运用音色。

（3）运用合理的艺术想象，创设情感。

（4）运用正确的呼吸，表达情感。

六、歌唱者的形体表演

歌唱不仅是听觉艺术也是视觉艺术，形体表演对一个演唱者来说也是非常重要的，是歌曲的另一种表现形式。在旅游过程中进行演唱时，形体表演可以拉近导游与游客之间的距离，有利于导游与游客心灵的沟通，从而达到感情传递和升华的作用。我国少数民族众多，大多能歌善舞，如新疆的民歌，大多是边唱边跳、载歌载舞。如果只有"唱"没有"演"，只作用于游客的听觉器官就会缺少艺术韵味，缺少真实感，显得比较单调。从舞台演唱技巧来讲，适当的形体动作可以帮助演唱者找到演唱的感觉，做到情感与力量的完美交融，还可以起到放松身体的作用。

任务二　中国民歌经典曲目

一、江苏民歌

江苏民歌《无锡景》以清新、秀丽的风格给人以轻松、愉悦的心情，让人耳目一新。从歌曲优美的曲调中我们可以感受到江南山清水秀的地形地貌孕育了江南音乐婉丽柔美的风格。歌曲为我们呈现出多处优美的无锡风景，如梅园、惠山、天下第二泉等。

无 锡 景

$1=C \quad \frac{2}{4}$

江苏民歌

中速

| 6 6 5 6 2 | 1 2 1 6 5 | 6 1 1 1 6 5 6 | 1 - | 1 1 2 |

1. 我有　一段　情　　呀，唱拨拉诸　　公　听，　　诸　公
2. 小小　无锡　城　　呀，盘古到如　　今，　　　东　南
3. 无锡　去来　往　　呀，火车真便　　当，　　　通　运　桥
4. 春天　去游　玩　　呀，顶好是梅　　园，　　　顶　顶
5. 第一个好景　致　　呀，要算鼋头　　渚，　　　顶　顶
6. 天下　第二　泉　　呀，惠山脚半　　边，　　　泉　水

| 3·2 3·2 | 1·3 2 1 | 1 6·1 5 | 6 1 6 5 3 | 1 1 2 6·1 5 |

各位　静呀静静　心　呀；让我（末）唱一只无　锡
西北　共有四城　门　呀；一到（仔）民国初　年
块　下　才是大栈　房　呀；栈房（里）修饰得蛮　清
惬意　坐只汽油　船　呀；梅园（末）靠拉笃太　湖
写意　夏天去避　暑　呀；山路（末）曲拍多　幽
碧清　茶叶泡香　片　呀；锡山（末）相对惠　泉

```
6̂ 1̂ 6 5  3  | 5 5  6̂·1̂  | 5̂ 6̂ 5̂ 3̂  2  | 3̂ 5 5   5̂ 6̂ 2  | 3̂ 5̂ 3̂ 2  1 ||
景    呀;   细 细(那)   到 到 (末)    唱 拨拉 诸 公    听         呀。
份    呀;   新 造(那)   一 座 (末)    光(呀)光 复      门         呀。
爽    呀;   热 闹(那个) 市 面 (末)    像(呀)像 申      江         呀。
边    呀;   满 园(那个) 梅 树 (末)    真(呀)真 奇      观         呀。
雅    呀;   水 连(那个) 山 来 (末)    山(呀)山 连      水         呀。
山    呀;   山 脚 下    两 半 边      开 个 泥         佛 店      呀。
```

二、四川民歌

四川民歌《康定情歌》又叫《跑马溜溜的山上》，是四川康定地区具有代表性的传统民歌，经江定仙编曲、由喻宜萱1947年4月19日在南京演唱。此后《康定情歌》在全国流传，得到各国人民的喜爱。

大多数人认为该歌曲是由民歌发展而来的。一位老人说，他们十几岁时在康定听见的康定情歌不是今天这样唱的，那时是这样的："跑马溜溜的山上，一朵溜溜的云，端端溜溜地照在朵洛大姐的门，朵洛溜溜的大姐人才溜溜的好哟，会当溜溜的家来会为溜溜的人。"按老人的年龄来算，20世纪20年代康定情歌就已萌生。1946年，吴文季在任音乐文化教员的过程中，一个马夫哼唱的一首《溜溜调》旋律吸引了他，经他整理、改编或加工，并将它定名为《跑马溜溜的山上》。

康定情歌

1=F 2/4

四川民歌

```
 3  5   6̂ 6̂ 5̂ | 6̂·3̂ 2 | 3  5  6̂ 6̂ 5̂ | 6 3· | 3  5  6̂ 6̂ 5̂ | 6̂ 3̂  2 |
1.跑 马(溜溜的) 山     上   一 朵(溜溜的) 云 哟,  端 端(溜溜的) 照    在
2.李 家(溜溜的) 大     姐   人 才(溜溜的) 好 哟,  张 家(溜溜的) 大    哥
3.一 来(溜溜的) 看     上   人 才(溜溜的) 好 哟,  二 来(溜溜的) 看    上
4.世 间(溜溜的) 女     子   任 我(溜溜的) 爱 哟,  世 间(溜溜的) 男    子

 5̂ 3̂  2̂ 3̂ 2̂ 1̂ | 2̂ 6̂·| 6̂ 2· | 5̂ 3·| 2̂ 1̂ 6̂·| 5̂ 3̂ 2̂ 3̂ 2̂ 1̂ | 2̂ 6̂·||
康 定(溜 溜的) 城 哟, 月 亮  弯 弯   康 定(溜 溜的) 城 哟!
看 上(溜 溜的) 她 哟, 月 亮  弯 弯   看 上(溜 溜的) 她 哟!
会 当(溜 溜的) 家 哟, 月 亮  弯 弯   会 当(溜 溜的) 家 哟!
任 你(溜 溜的) 求 哟, 月 亮  弯 弯   任 你(溜 溜的) 求 哟!
```

三、河南民歌

河南地处于中州音韵的大平原领域之内，东西南北绵亘千余里，山区平原地势悬

殊，人们的生活习惯、生产劳动、语言音调以及各项活动也存在着不同程度上的差别，因此形成了独特的民歌风格。

《编花篮》是由钟庭润作词、郭复善作曲的一首小调歌曲作品，这首歌曾一度被认为是集体创作的河南民歌。20 世纪 80 年代经歌唱家朱逢博重新配器演绎，才真正在全国流行，并产生了广泛的影响。

编 花 蓝

河南民歌

1.4. 编 编 编 花 篮，编 个 花 篮 上 南 山，南 山 开 满
2.5. 摘 摘 摘 牡 丹，三 朵 两 朵 摘 一 篮，牡 丹 花 开

红 牡 丹，朵 朵 花 儿 开 得 艳，朵 朵 花 儿 开 得 艳，银 格 丹
多 娇 艳，姑 娘 见 了 好 喜 欢，姑 娘 见 了 好 喜 欢，五 彩 缤

丹 哎 银 牡 丹，银 牡 丹 那 个 那 哈 依 呀 唉。
纷 哎 齐 争 艳，齐 争 艳 那 个 那 哈 依 呀 唉。

3.6. 哎 唉 哎 唉 哟哟哟哟 哟哟哟哟
那依呀哈依 哎 咳咳咳咳 咳哎 哎 咳哎 咳哎咳 呀呼依 呀咳咳那哈依哈依 呀
唉。 提 着 花 篮 走 花 间，祖国春色没 个 边 哪，

没 个 边。 没 个 边 哪。

四、内蒙古民歌

内蒙古民歌《美丽的草原我的家》是一首优美的抒情歌曲，抒发了蒙古族人民对美丽

草原和幸福生活的热爱之情。这首歌曲采用了五声调式，具有蒙古牧歌风格，悠长、起伏的音乐旋律仿佛把人们带入到了"彩蝶纷飞百鸟唱，一湾碧水映晚霞。骏马好似彩云朵，牛羊好似珍珠撒"的美景之中，仿佛听到了"模样姑娘放声唱，愉快的歌声满天涯"。

美丽的草原我的家

火　华　词
阿拉腾奥勒　曲

五、青海民歌

青海民歌《在那遥远的地方》是西部歌王王洛宾于 1939 年创作的一首至今仍被广为传唱的歌曲。这首歌曲的曲调源于哈萨克族民歌。1939 年秋，王洛宾受马步芳委派，协助电影艺术家郑君里在青海湖畔拍摄纪录片《民族万岁》时，认识当地一位藏族千户的女儿卓玛。三天的相处，活泼美丽的卓玛给王洛宾留下了深刻的印象，并为她创作了这首歌曲。这首歌的创作过程，已成了带有传奇色彩的故事。在 3 天的拍摄过程中，两人共乘一马，在青海湖边奔驰，如同歌词中写的那样，卓玛的皮鞭轻轻地敲打在王洛宾的身上。两人分离之后，王洛宾在回西宁的路上怅然若失，借助民歌的旋律写成了这首传世之作。

在那遥远的地方

1=♭E 4/4

王洛宾词曲

| 6 1 | 2 1 7 6 1 2. 1 7 | 6 1 1 7 6 — |
1. 在那 遥远的地 方， 有位好姑 娘，
2. 她那 粉红的笑 脸， 好像红太 阳，
3. 我愿 抛弃了财 产， 跟她去放 羊，
4. 我愿 做一只小 羊， 跟在她身 旁，

| 6 1 2 1 6 5 6 4 5 | 6 1 4 5 6 5 4 3 | 2 — — — :|
人们 走过 她的 帐房 都要回头留恋地 张 望。
她那 活泼 动人的 眼睛 好像晚上明媚的 月 亮。
每天 看着那 粉红的 小脸 和那美丽金边的 衣 裳。
我愿 她拿着 细细的 皮鞭 不断轻轻打在我 身 上。

| 6 1 2 1 6 5 6 5 4 5 | 6 1 4 5 6 5 4 3 | 2 — — 0 ‖
我愿 她拿着 细细的 皮鞭 不断轻轻打在我 身 上。

rit.

六、新疆民歌

新疆民歌《达坂城的姑娘》是王洛宾在兰州整理编曲的第一首维吾尔族民歌，也是现代中国第一首汉语译配的维吾尔民歌。1938 年，王洛宾所在的抗战剧团组织联欢会，一个头戴小花帽、留着小胡子的维吾尔族司机，唱了一首简短的维吾尔语歌曲。王洛宾敏锐的音乐神经被触动了，他用在学校学习的速记方法很快记下了这支歌的旋律，并请在兰州的维吾尔族同胞对歌词做了简单的翻译。他很快就编配成一首简短流畅的《达坂城的姑娘》。歌曲在全世界传开后，人们都知道新疆有个达坂城，达坂城里有个漂亮的姑娘。

达板城的姑娘

新疆民歌
王洛宾 词曲

1=F 4/4

（简谱略）

达坂城的石头硬又平哪，西瓜呀大又甜。达坂城的姑娘辫子长呀，两只眼睛真漂亮。你要想嫁人不要嫁别人哪，一定要嫁给我，带着百万钱财领着你的妹妹，赶着那马车来。

七、广东民歌

广东音乐是具有鲜明地方色彩和独特风格的乐种之一，于清末民初产生和流传于广东珠江三角洲一带，内容广泛，包括粤剧和潮州音乐、小曲及地方性民歌曲艺等。在近代，广东小曲盛行一时，无论是戏曲伴奏、街头卖艺还是婚丧喜庆都要演奏。这种乐队演奏的乐曲，又叫作八音、行街音乐、座堂乐。广东音乐的音响色彩清脆明亮、华美；旋律风格华彩、跳跃、活泼；乐曲结构多为短小单一的小品，很少有大型套曲，而大部分广东民歌都使用粤方言演唱。

落 雨 大
（广州方言歌）

广州童谣

1=♯G 2/4

中速

落雨大，水浸街，阿哥担柴上街卖，阿嫂着花鞋。花鞋花袜花腰带，珍珠蝴蝶两边排，排排都有十二粒，粒粒圆亮无疵瑕。

《落雨大》是广东粤语地区尤其是广州市区内代代相传的童谣，它和另一首岭南童谣《月光光》都是广东珠三角地区几代儿童们必唱的儿歌。小时候妈妈或奶奶都会教牙牙学语的小朋友唱这两首歌，不同的是，《月光光》描绘的是农村生活，而《落雨大》则是对广州市老城区——西关地区在下雨天时，水淹街道场景的描绘，歌词从一个儿童的视角看这个场景，充满了童言、童语、童趣。

模块三　广西民歌

 具体任务

- 了解广西民歌的基本情况。
- 熟悉广西的民歌，练习其中几首。

任务一　广西民歌概况

一、国际民歌艺术节

广西素有"歌海"之誉，是刘三姐的故乡，广西各族人民大多有爱唱民歌的习俗，因而广西亦被称为"天下民歌眷恋的地方"。

刘三姐是壮族人心目中美与爱、智慧与才能的化身。每逢节日及重大节庆活动都以唱山歌的方式互相交流，传情达意。农历的三月三是壮族传统的歌圩，在这一天许多壮家姑娘、小伙甚至是上年纪的老人都会在田间山坡上相互对唱山歌，以歌定情，以歌会友。现在农历三月三已经成为广西特有的节日，节庆活动丰富，吸引了大批游客。

为把民歌发扬光大，从1993年起广西开始举办民歌节。人们在民歌节上以歌传情，以歌会友，共同抒发对美好生活的向往和热爱。民歌成了飞架于广西各民族与全国各兄弟民族及世界民族之间的彩虹。

为了把民歌节办得更具特色，从1999年起广西壮族自治区人民政府决定把"广西国际民歌节"更名为"南宁国际民歌艺术节"，并定于每年的9月或10月或11月在南宁举办，由南宁市人民政府邀请国家文化部文化图书馆司、国家民委文化宣传司联合举办。

1999年11月，首届南宁国际民歌艺术节成功举办了大型广场文艺晚会《大地飞歌》、99中国（南宁）民族服饰博览会、广西民族风情展演等系列文化活动。南宁国际民歌艺术节因此一炮走红。它以浓郁的民族风情、开阔的国际视野和强劲的现代气息，赢得了社会各界人士的赞誉。

二、广西山歌

壮族同胞无论男女，从四五岁的童年时代就开始学唱山歌，父教子，母教女，形成幼年学歌、青年唱歌、老年教歌的"传帮带"习俗。在农村，无论下地种田，上山砍柴，婚丧嫁娶，逢年过节或青年男女间的社交恋爱等，都用山歌来表达情意。有些地方甚至家庭成员之间的对话、吵架有时也以歌代言。唱歌几乎成为壮族人民生活中不可缺少的内容。人人能歌，个个会唱。因此，广阔的壮乡，被诗人称为"铺满琴键的土地"。历史上，还涌现出不少像刘三姐、黄三弟这样被称为"歌仙""歌王"的著名歌手。

不仅平时唱，家里唱，而且还有定期举行的唱山歌会，称为"歌圩"或"歌节"。歌圩的日期主要在农历三月初三，但在春节、四月八、中元节、中秋节以及婚嫁、满月、新房落成等喜庆吉日形成歌圩似乎习以为常，偶尔甚至在赶集的路上会形成临时的歌圩。歌圩有日歌圩和夜歌圩之分。日歌圩在野外，以青年人"倚歌择配"为主要内容；夜歌圩在村子里，主要吟唱传授生产、生活知识和技能的生产歌、季节歌、盘歌和历史歌等。

目前，流传比较广泛的是电影《刘三姐》里面的一些曲目，以及此后出现的一些相关歌曲，如《山歌好比春江水》《世上哪有树缠藤》《多谢了》《心想唱歌就唱歌》等。

任务二　广西民歌训练

一、《心想唱歌就唱歌》

嘿～～～ 好歌才	只有三姐唱得来	心想与姐唱几句	还不知金口开不开
心想唱歌就唱歌	心想打鱼就下河	你拿竹篙我拿网	随你撑到哪条河
哎……			
什么水面打跟斗	什么水面起高楼	什么水面撑阳伞	什么水面共白头
什么水面撑阳伞	什么水面共白头		
鸭子水面打跟斗	大船水面起高楼	荷叶水面撑阳伞	鸳鸯水面共白头
荷叶水面撑阳伞	鸳鸯水面共白头		
什么结果抱娘颈	什么结果一条心	什么结果抱梳子	什么结果披鱼鳞
什么结果抱梳子	什么结果披鱼鳞		
木瓜结果抱娘颈	香蕉结果一条心	柚子结果抱梳子	菠萝结果披鱼鳞
柚子结果抱梳子	菠萝结果披鱼鳞		
什么有嘴不讲话	什么无嘴闹喳喳	什么有脚不走路	什么无脚走千家
什么有脚不走路	什么无脚走千家		

菩萨有嘴不讲话　铜锣无嘴闹喳喳　财主有脚不走路　铜钱无脚走千家
财主有脚不走路　铜钱无脚走千家

二、《多谢了》

多谢了　多谢四方众乡亲　我今没有好茶饭　只有山歌敬亲人敬亲人
（山歌好好似热茶暖透心　世上千般咱无份只有山歌属穷人）

莫讲穷　山歌能把海填平　上天能赶乌云走　下地能催五谷生
（好歌声三姐开口赛洪钟　歌声还比钢刀利难怪四方都闻名）

取笑多　画眉取笑小阳雀　我是嫩鸟才学唱绒毛鸭子初下河

三、《山歌好比春江水》

唱山歌哎……　　　　这边唱来那边和
山歌好比春江水哎　不怕滩险湾又多湾又多

唱山歌哎……这边唱来那边和
山歌好比春江水哎　不怕滩险湾又多湾又多

山歌好比春江水哎　　不怕滩险湾又多湾又多

四、《世上哪有树缠藤》

女：山中只见藤缠树，
世上哪有树缠藤，
青藤若是不缠树，
枉过一春又一春。
竹子当收你不收，
笋子当留你不留，
绣球当捡你不捡，
空留两手捡忧愁。
合：连就连。
男：我俩结交订百年。
女：哪个九十七岁死，奈何桥上等三年。
男：哪个九十七岁死，奈何桥上等三年。
合：等三年。

五、《采茶歌》

三月鹧鸪满山游满山游
四月江水到处流到处流
采茶姑娘茶山走茶山走
茶歌飞上白云头呦咿呦
草中野兔窜过坡窜过坡
树头画眉离了窝离了窝
江心鲤鱼跳出水跳出水
要听姐妹采茶歌呦咿呦
采茶姐妹上茶山上茶山
一层白云一层天一层天
满山茶树亲手种亲手种
辛苦换得茶满园呦咿呦
青山采茶抽茶芽抽茶芽
快趁时光掐细茶掐细茶
风吹茶树香千里香千里
盖过园中茉莉花呦咿呦
采茶姑娘时时忙时时忙
早起采茶晚插秧晚插秧
早起采茶顶露水顶露水
晚插秧苗伴月亮呦咿呦
采茶姑娘时时忙时时忙
早起采茶晚插秧晚插秧
早起采茶顶露水顶露水
晚插秧苗伴月亮呦咿呦

【项目实践】

实践内容： 学唱经典民歌。

能力要求： 1. 搜索下载我国经典民歌。
     2. 根据自身条件练习民歌。
     3. 班级实训交流，并考核。

项目五

戏剧表演

知识目标： 了解京剧、越剧、黄梅戏 3 大戏曲剧种的特点和名段。

能力目标： 熟悉并能跟唱 3 大戏曲剧种的经典名段，并根据名段内容进行简单的表演。

思政目标： 深刻体会中华民族优秀传统文化的生机和活力，增强民族自信心和自豪感，培养学生热爱祖国经典戏曲的美好情操，进而提高专业综合素养。

参考学时： 10 学时（理论 2 学时，实训 8 学时）。

模块一　戏曲概况

> **具体任务**
>
> ➢ 了解我国戏曲的要素和特征。
> ➢ 熟悉京剧、越剧、黄梅戏的表演特点。

任务一　中国戏曲概况

一、中国戏曲的含义和代表剧种

戏曲即戏中之曲,是一种韵文样式,也是一个艺术概念。中国戏曲是中国传统戏和现代京剧、地方戏的总称,主要由民间歌舞、说唱和滑稽戏 3 种不同艺术形式综合而成。它起源于原始歌舞,是一种历史悠久的综合舞台艺术样式,由文学、音乐、舞蹈、美术、武术、杂技以及表演艺术综合而成,具有以歌曲课白作为代言体的艺术扮演的特点。中国的戏曲与希腊戏剧、印度梵剧并称为世界 3 大古老的戏剧文化,经过长期的发展演变,逐步形成了以 "京剧、越剧、黄梅戏、评剧、豫剧" 5 大戏曲剧种为核心的中华戏曲百花苑。综合性、虚拟性、程式性是中国戏曲的主要艺术特征。这些特征凝聚着中国传统文化的美学思想精髓,构成了独特的戏剧观,使中国戏曲在世界戏曲文化的大舞台上闪耀着它独特的艺术光辉。

二、中国戏曲的发展历程

戏曲是我国传统的戏剧形式,是我国最具有民族特点和风格的艺术形式之一。其最早可以追溯到上古时代用来娱神的原始歌舞。从春秋战国到汉代,从娱神的歌舞中逐渐演变出娱人的歌舞。从汉魏到中唐,又先后出现了以竞技为主的 "角抵"(即百戏)、以问答方式表演的 "参军戏" 和扮演生活小故事的歌舞 "踏摇娘" 等,这些都是萌芽状态的戏剧。唐代文学艺术的繁荣给予了戏曲艺术丰富的营养;音乐舞蹈的昌盛,为戏曲提供了最雄厚的表演、唱腔的基础;教坊梨园的专业性研究,正规化训练,提高了艺人们的艺术水平,使歌舞戏剧化历程加快,产生了一批用歌舞演故事的戏曲剧目。唐朝中后期,戏剧艺术逐渐形成。宋代的 "杂剧",金代的 "院本" 和讲唱形式的 "诸宫调",从乐曲、结构到内容,都为元代杂剧打下了基础。到了元代,"杂剧"就在原有基础上大力发展,成为一种新型的戏剧。它具备了戏剧的基本特点,标志着中国戏剧进入成熟阶段。12世纪中期到13世纪初,逐渐产生了职业艺术和商业性的演出团体,及反映市民生活和观点的元杂剧、金院本,如关汉卿的《窦娥冤》、马致远的《汉宫秋》以及《赵氏孤儿大报仇》等作品。这一时期是戏曲舞台的繁荣时期。到了明代,传奇快速发展起来。明代中叶,传奇作家和剧本大量涌现,其中成就最大的是汤显祖。他一生写了许多传奇剧本,《牡丹亭》是他的代表作。直到今天,"闺塾""惊梦"等片段还活跃在戏曲表演的舞台上。16世纪明朝中叶,江南兴起了昆腔,涌出了《十五贯》《占花魁》等戏曲剧目。这一时期受广大农民欢迎的戏是产生于安徽、江西的弋阳腔,昆腔受封建上层人士的欢迎。明后期的舞台,开始流行以演折子戏为主的风尚。所谓折子戏,是指从有头有尾的全本传奇剧目中摘选出来的出目。它只是全剧中相对独立的一些片段,但是在这些片段里,场面精彩,唱做俱佳。折子戏的脱颖而出,是戏剧表演艺术强劲发展的结果,又是时间与舞台淘洗的必然。观众在熟悉剧情之后,便可尽情地欣赏折子戏的表演技艺。《牡丹亭》中的"游园""惊梦",《拜月亭记》中的"踏伞""拜月",《玉簪记》中的"琴挑""追舟"等众多折子戏,已成为观众爱看、耐看的精品。

明末清初的作品多是写人民群众心中的英雄,如穆桂英、陶三春、赵匡胤等。这时的地方戏,主要有北方的梆子和南方的皮黄。京剧是在清代地方戏高度繁荣的基础上产生的。在同治、光绪年间,出现了名列"同光十三绝"的第一代京剧表演艺术家及不同流派的宗师,标志着京剧艺术的成熟与兴盛。不久之后,京剧向全国发展,特别是在上海、天津,京剧成为具有广泛影响的剧种,将中国的戏曲艺术推进到一个新的高度。

辛亥革命前后,一批有造诣的戏曲艺术家从事戏曲艺术改良活动,汪笑侬、潘月樵、夏月珊等最为著名,他们为以后的戏曲改良积累了宝贵的经验。从1919年"五四运动"到中华人民共和国成立这段时期内,一些有志之士对戏曲进行了改革。梅兰芳在"五四"前夕演出了《邓粗姑》《一缕麻》等宣传民主思想的时装新戏,周信芳、程砚秋等也创作了不少作品。袁雪芬则高举越剧改革大旗,主演鲁迅名著《祥林嫂》,在中国戏曲中率先形成了融合编、导、舞、音、美于一体的综合艺术机制,率先开始了中国戏曲艺术大写意与大写实相结合的机制。

新中国成立后,涌现了一批优秀剧目,如京剧《将相和》《白蛇传》,评剧《秦香莲》,越剧《梁山伯与祝英台》,昆剧《十五贯》等。著名历史学家吴晗还撰写了历史京剧《海瑞罢官》。以后,又陆续推出一系列优秀作品,如京剧《白毛女》《红灯记》《奇袭白虎团》,越剧《西厢记》,评剧《刘巧儿》,沪剧《芦荡火种》,豫剧《朝阳沟》等。粉碎"四人帮"后,为群众喜爱但被停演或遭到批判的大量传统剧,如京剧《谢瑶环》,莆仙剧《春草闯堂》,吕剧《姊妹易嫁》等也得以重新上演。戏曲艺术发展到今天,经过不同的时代,不断适应新时代、新观众的需要,保持和发扬民族传统的艺术特色,戏曲界提出的"现代化"与"戏曲化"问题,已成为新的历史时期积极探讨和积极实践的问题。

古希腊戏剧（包括悲剧和喜剧，大约形成于公元前 600 年）、古印度梵剧（形成于公元元年前后）和中国戏曲（形成于公元 12 世纪的北宋）被誉为世界"三大古老戏剧文化"。虽然相对于其他两种古老的戏剧文化，中国戏曲产生时间较晚，但是前两种古老戏剧文化已经在漫长的历史长河中相继消亡，不复存在了，而中国戏曲尽管历经千载，几度兴衰沉浮，至今却仍充满着生机和活力。它不仅是中华民族优秀传统文化的瑰宝，而且在世界文化艺术宝库里占有重要的地位。

任务二　了解京剧

一、京剧的起源及发展

京剧，曾称平剧，中国五大戏曲剧种之一，腔调以西皮、二黄为主，用胡琴和锣鼓等伴奏，被视为中国国粹，中国戏曲三鼎甲"榜首"。前身是清初流行于江南地区，以唱吹腔、高拨子、二黄为主的徽班。清乾隆五十五年（1790 年），以高朗亭（名月官）为首的第一个徽班（三庆班）进入北京，参加乾隆帝八十寿辰庆祝演出。随后不少徽班陆续进京。著名的有三庆、四喜、春台、和春四班，虽然和春成立于嘉庆八年（1803 年），迟于三庆 13 年，但后世仍将之并称为"四大徽班进京"。四大徽班陆续进入北京，他们与来自湖北的汉调艺人合作，同时又接受了昆曲、秦腔的部分剧目、曲调和表演方法，民间曲调，通过不断的交流、融合，最终形成京剧。京剧形成后在清朝宫廷内迅速发展，直至民国得到空前的繁荣。

京剧走遍世界各地，成为介绍、传播中国传统艺术文化的重要媒介。分布地以北京为中心，遍及中国。2010 年 11 月 16 日，京剧被列入"人类非物质文化遗产代表作名录"。京剧四大名旦分别是梅兰芳、尚小云、程砚秋及荀慧生。

二、京剧表演的艺术手法

京剧表演的 4 种艺术手法为唱、念、做、打，是京剧表演的 4 项基本功。唱指歌唱；念指具有音乐性的念白，两者相辅相成，构成歌舞化的京剧表演艺术两大要素之一的"歌"；做指舞蹈化的形体动作，打指武打和翻跌的技艺，两者相互结合，构成歌舞化的京剧表演艺术两大要素之一的"舞"。

三、京剧行当

京剧行当的划分，除依据人物的自然属性（性别、年龄）和社会属性（身份、职业）外，主要是按人物的性格特征来分类的。京剧班社旧有"七行七科"之说：七行即生行、旦行（亦称占行）、净行、丑行、杂行、武行、流行。

京剧舞台上的一切都不是按照生活里的原貌出现的。京剧舞台上的角色也不是按照生活当中人的本来面貌出现的，而是根据所扮演角色的性别、性格、年龄、职业以及社会地位等，在化妆、服装各方面加以若干艺术的夸张。这样就把舞台上的角色划分成为生、旦、净、丑 4 种类型。这 4 种类型在京剧里的专门名词叫作"行当"。

1. 生

生是除了花脸以及丑角以外的男性正面角色的统称，分老生（又分重唱的安工老生，重做的衰派老生，重武的靠把老生）、武生（分长靠武生、短打武生并应工猴儿戏）、小生（分扇子生、雉尾生、穷生、武小生）、红生、娃娃生。

2. 旦

旦是女性正面角色的统称，分青衣（正旦）、花旦、闺门旦、刀马旦、武旦、彩旦。

3. 净

净俗称花脸，大多是扮演性格、品质或相貌上有些特异的男性人物，化妆用脸谱，音色洪亮，风格粗犷。"净"又分为以唱功为主的大花脸（又叫正净，重唱功，称铜锤、黑头）、架子花（重功架）、武二花、摔打花、油花（一称毛净）。

4. 丑

丑一般扮演喜剧角色，因在鼻梁上抹一小块白粉，俗称小花脸，分文丑（分方巾丑、袍带丑、老丑、荣衣丑，并兼演彩旦、婆子）、武丑（又称开口跳）等。

各个行当都有一套表演程式，在唱念做打的技艺上各具特色。

四、京剧脸谱

京剧脸谱中，红脸含有褒义，代表忠勇；黑脸为中性，代表猛智；蓝脸和绿脸也为中性，代表草莽英雄；黄脸和白脸含贬义，代表凶诈凶恶；金脸和银脸是神秘，代表神妖。

五、京剧伴奏乐器

京剧伴奏乐器分打击乐器与管弦乐器。打击乐器有板、单皮鼓、大锣、铙、钹等，称为"武场"。管弦乐器有京胡、京二胡、月琴、三弦，称为"文场"。

六、京剧道具

京剧道具有砌末、旗帜等，砌末是大小道具与一些简单装置的统称，是戏曲解决表演与实物矛盾的特殊产物。传统戏曲舞台上的砌末包括生活用具（如烛台、灯笼、扇子、手绢、文房四宝、茶具、酒具），交通用具（如轿子、车旗、船桨、马鞭等）。武器又称刀枪把子（如各种刀、枪、剑、斧、锤、鞭、棍、棒等），以及表现环境、点染气氛的物件（如布城、大帐、小帐、门旗、纛旗、水旗、风旗、火旗、銮仪器仗、桌围椅披）。除常用的砌末之外，也可根据演出需要临时添置。传统的砌末，是有意识地区别于生活的自然形态之物。它们不是实物的仿制品，而是实物在戏曲中的一种艺术表现。这也是砌末能够与动作、形象相结合的一个重要原因。在演员没有上场以前，桌椅只是一种抽象的摆设。如演出皇帝视朝，这张桌子便成了视朝时所需的御案；县官坐衙，这张桌子便成了坐衙时所需的公案；朋友宴会，这张桌子便成了宴会时所需要的酒席。以上是实物实用，但戏曲舞台上的桌椅还可以做代用品。比如用桌子代替山石，人要上山，就要站在桌子上，如果这山很高，就用两张桌子叠起来。要跳墙，就用桌子当墙；要睡觉，将身伏在桌上，用手支住头。至于椅子所代替的就更多了。舞台上表示从矮山爬到高山去，是从椅子再登到桌子上，椅子还可以代替窑门，代替牢门等。桌椅无论代表什么，都是妙在似与不似之间。如戏曲中的布城虽然比较简陋，但决不追求城的真实再现。布城可以根据城的需要自由调度。

旗帜在舞台上使用较多，如正方形帅字旗、长方形三军令旗、大纛旗（古代军队里的大旗），都是表示元帅及大本营所在地的。还有水旗、火旗、风旗、车旗等，这些旗帜是在白色方旗上绘绿色水纹、火焰、风、车轮等。演员执旗，略微颤动，就可以表示波浪起伏、着火、起风、乘车等。

> **拓展阅读** 京剧脸谱
>
> 京剧脸谱，是一种具有汉族文化特色的特殊化妆方法。由于每个历史人物或某一种类型的人物都有一种大概的谱式，就像唱歌、奏乐都要按照乐谱一样，所以称为"脸谱"。关于脸谱的来源，一般的说法是来自假面具。京剧脸谱艺术是广大戏曲爱好者非常喜爱的一门艺术，国内外都很流行，已经被大家公认为是汉族传统文化的标识之一。
>
> "脸谱"是指中国传统戏剧里男演员脸部的彩色化妆。这种脸部化妆主要用于净（花脸）和丑（小丑）。它在形式、色彩和类型上有一定的格式。内行的观众从脸谱上就可以分辨出这个角色是英雄还是坏人，聪明还是愚蠢，受人爱戴还是让人厌恶。京剧迷人的脸谱在中国戏剧无数脸部化妆中占有特殊的地位。京剧脸谱以"象征性"和"夸张性"著称。它通过运用夸张和变形的图形来展示角色的性格特征。眼睛、额头和两颊通常被画成蝙蝠、蝴蝶或燕子的翅膀状，再加上夸张的嘴和鼻子，制造出所需的脸部效果。
>
> 脸谱的色彩运用有一定的内容和含义，它是表现人物性格的主要因素。红色象征忠勇、正义、威武、庄严，大多用于富有血性的人物，如关羽。紫色表现骁勇、刚毅、正直、坚强、胆大，如杨延昭。黑色表现公正无私，如

> 包公；表现暴躁、鲁莽、耿直，如张飞。白色大多表现阴险、狡猾、居心叵测，如赵高。黄色一般表现性格猛烈，如廉颇。褐色和粉红色表现比较正直的老人。绿色一般寓意为勇猛暴躁，与黑色有相近的用意。有些占山为王的草寇类人物常使用绿色，如《白水滩》中的青面虎，《响马传》中的程咬金等。在脸谱中蓝色与绿色的寓意相近，都是黑色的延伸，一般表示刚强阴险，表示性格刚强的人物，如《取洛阳》中的马武，表示人物阴险性格的如《薛家窝》中的谢虎，《连环套》中的窦尔敦等。

任务三　了解越剧

一、越剧的起源及发展

越剧，中国五大戏曲剧种之一，又被称为是"流传最广的地方剧种"，在国外被称为"中国歌剧"。越剧清末起源于浙江嵊州，发祥于上海，在发展中汲取了昆曲、话剧、绍剧等特色剧种之大成，经历了由男子越剧到女子越剧为主的历史性演变。

越剧长于抒情，以唱为主，声音优美动听，表演真切动人，唯美典雅，极具江南灵秀之气；多以"才子佳人"题材为主，艺术流派纷呈，公认的就有13大流派之多，主要流行于上海、浙江、江苏、福建、江西、安徽等广大南方地区，以及北京、天津等大部北方地区，鼎盛时期除西藏、广东、广西等少数省、自治区外，全国都有专业剧团存在。2006年，越剧被列为"首批国家级非物质文化遗产名录"。

二、越剧流派

越剧流派包括剧目、唱、念、做等各种艺术因素，集中体现在所塑造的典型艺术形象中。其中，唱腔所具有的独创性最强，特点最突出，影响也最大，因此被称为流派唱腔。然而，唱腔虽然重要，流派却并非仅指唱腔，更包含舞台表演艺术等多重内容。通常，同一剧目不同流派演绎会有不同风采。1942年，著名越剧表演艺术家袁雪芬对传统越剧进了全面的改革，被称为"新越剧"。新越剧改变了以往"小歌班"明快、跳跃的主腔"四工腔"，变为哀婉舒缓的唱腔曲调，即"尺调腔"和"弦下腔"，把越剧唱腔艺术推进到一个新的阶段。越剧的所有流派都是在"尺调腔"和"弦下腔"的基础上发展并丰富起来的。后来这两种曲调成为越剧的主腔，并在此基础上，逐渐形成了各自的流派唱腔。

在所有流派中，被公认的越剧流派有13个，即袁雪芬派、范瑞娟派、尹桂芳派、傅全香派、徐玉兰派、戚雅仙派、王文娟派、陆锦花派、毕春芳派、张云霞派、吕瑞英派、金采风派、张桂凤派等。

三、越剧的妆容与服饰

越剧早期演出时，男角多不化妆；男演女角时把脑后的辫子散开，梳成发髻，上搽胭脂和铅粉；有些草台班的女角化妆，两颊用红纸沾水搽腮红，不画眉，或用锅底灰画眉，称"清水打扮"。越剧进入上海后初期，向绍剧、京剧学习演传统老戏的水粉化妆法，白粉底，红胭脂，墨膏描眉眼。后演古装戏仿效绍剧学，大花面开脸，小丑画白鼻梁。1942年后全部废除水粉上妆，改用油彩化妆。20世纪70年代末至80年代初，越剧在编演现代题材剧目时又吸收了美容方法和绘画化妆法、毛发粘贴法，塑造了毛泽东、周恩来、鲁迅等历史伟人形象。

发式头饰方面，男班初期，男演员解开自己头上的辫子梳上发髻插朵花，这是最早的发式与头饰。后演古装戏仿照绍剧，用小玻璃管串成排须装饰发髻，在发髻上用顶花装饰。20世纪20年代学京剧，包大头，因无条件制备全套"头面"，改用木质或铁皮做成定型水片，很少使用全副头面来装饰演出。自女班诞生后因女演员留有辫子，就用作"包头"的"发帘子"和顶级假发，并与服装的"私彩行头"相配合，学习京剧使用"铜泡包头"（如《别窑》中的王宝钏）、"水钻包头"（如《盘夫索夫》中的严兰贞）、"点彩包头"（如《碧玉簪》中李夫人）使用的头饰。20世纪40年代初，袁雪芬演《恒娘》时，改为用自己的头发梳古装头，按需选择使用头面饰件。之后演员们纷纷改革头饰，从古装仕女画中找根据，开始创造越剧旦角特有的古装发式和头饰，头饰改繁为简，改华丽为清丽，头上以戴珠凤为主，装饰花不多，具有简洁明快的特点。20世纪50年代，为发式的需要和化妆省时开始做假发头套。

服饰方面，越剧在小歌班初期，戏中角色的穿戴大多数借用生活中的衣衫、长袍、褂，扮官宦的也有用庙里的神像蟒袍。后来向绍兴大班行头主租用戏装，放在箧篓里，挑着走村跑镇，这是越剧最早出现的衣箱形式。租赁行头多以袄、衫、蟒、靠、箭衣为主，行头样式，基本上是绍剧、京剧传统样式。20世纪20至30年代绍兴文戏时期，受上海京剧衣箱制度影响，主要演员和群众演员的服装开始分开。主要演员穿"私彩行头"，由主要演员负责添置；一般演员及龙套、宫女等群众演员，穿"堂中行头"，这类行头由班主或香衣班头出资租借。由于当时观众既要看演员又要看行头，促使一些名演员竞相炫耀私彩行头，有的小旦演出时，一个晚上连换10多套服装。有人称这时的越剧服装是"杂乱无章"时期。

越剧服装设计开始于1943年，首次对剧中角色进行全部服装通盘设计，由演员自己置办，戏院老板根据角色主次贴一部分置办费，这是越剧服装的一大改革。由于不懈地探索和积累，越剧服装的轻柔、淡雅、清丽的独特风格，不断巩固和发展，并在国内外演出中产生了很大的影响，从而成为我国戏曲服装中另一种服装风格样式。

四、越剧道具

越剧初期的砌末（俗称道具），都是日常生活用具，后期及绍兴文戏时期，模仿京剧、绍剧道具，并由"检场"人（越剧称值台师傅）管理。所用道具都放在一大木箱（俗称百宝箱）里。这些道具是向"堂中行头"师傅租来的。以后，主要演员有了"私房行头"，道具中的桌围、椅帔也成了主要演员必备的"私彩"。

当时，为了与比较写实的布景吻合，以及表演上的需要，对舞台上常用的道具，如刀、枪、剑、棍、马鞭等，加以改良，达到美观、轻巧，适合女演员使用。而对另一些道具，就直接采用生活用品，或仿真制作。当时越剧界出现了兼职主管道具的演职人员，开始向"王生记"家具店租用红木家具，向电影厂租用道具，或去旧货店及豫园小商品摊档购买生活用品。特殊需要的道具，按图样到灯彩店去定做。道具制作师，采用翻模脱胎、篾扎纸糊、立粉彩绘、刻花裱托等工艺技法，制作出各式各样的道具。如《梁山伯与祝英台》中的酒杯、花瓶，形态逼真。《情探》中的龙王、神像，《北地王》中的列祖列宗，都用篾扎纸糊后彩绘。《红楼梦》中的花篮、薰炉、立地花瓶等，都是既逼真又美观，令观者赏心悦目。

越剧的道具，具有"轻""巧""美""牢"的艺术特点，为戏曲界同行所称道，如明角灯，各地不少兄弟剧种剧团，曾派人到上海越剧院来学习道具制作。1981年9月，上海越剧院演出的《凄凉辽宫月》中的道具，获首届上海戏剧节道具奖，首开道具获单项奖的先例。

任务四　了解黄梅戏

一、黄梅戏的起源及发展

黄梅戏，旧称黄梅调或采茶戏，中国五大戏曲剧种之一，起源于湖北黄梅，发展壮大于安徽安庆，是安徽省主要地方戏曲剧种，湖北、江西、福建、浙江、江苏、香港、台湾等地亦有黄梅戏的专业或业余的演出团体，受到广泛的欢迎。黄梅戏唱腔淳朴流畅，以明快抒情见长，具有丰富的表现力；表演质朴细致，以真实活泼著称。一曲《天仙配》让黄梅戏流行于大江南北，在海外亦有较高的声誉。2006年，黄梅戏经国务院批准列入"第一批国家级非物质文化遗产名录"。

黄梅戏前身即采茶调、采子、黄梅调等，后称黄梅戏，起源于黄梅县多云山区、太白湖畔的樵歌畈腔采茶调，形成于清道光年间，流播于长江中下游的湖北、安徽、江西、江苏等省周边的广袤区域。

二、黄梅戏的唱腔

黄梅戏的唱腔属板式变化体，有花腔、彩腔、主调3大腔系。花腔以演小戏为主，曲调健康朴实，优美欢快，具有浓厚的生活气息和民歌小调色彩；彩腔曲调欢畅，曾在花腔小戏中广泛使用；主调是黄梅戏传统正本大戏常用的唱腔，有平词、火攻、二行、三行之分，其中平词是正本戏中最主要的唱腔，曲调严肃庄重，优美大方。黄梅戏以抒情见长，韵味丰厚，唱腔纯朴清新，细腻动人，以明快抒情见长，具有丰富的表现力，且通俗易懂，易于普及，深受各地群众的喜爱。在音乐伴奏上，早期黄梅戏由3人演奏堂鼓、钹、小锣、大锣等打击乐器，同时参加帮腔，号称"三打七唱"。中华人民共和国成立以后，黄梅戏正式确立了以高胡为主奏乐器的伴奏体系。

三、黄梅戏的角色行当

黄梅戏角色行当的体制是在"二小戏""三小戏"的基础上发展起来的。上演整本大戏后，角色行当才逐渐发展成正旦、正生、小旦、小生、小丑、老旦、花脸七行。由于班社人少，演整本大戏时，常常是一个演员要兼扮几个角色，因而在黄梅戏中，戏内角色虽有行当规范，但演员却没有严格分行。

正旦：多扮演庄重、正派的成年妇女，重唱功，表演要求稳重大方。所扮演的角色如《荞麦记》中的王三女、《罗帕记》中的陈赛金、《鱼网会母》的陈氏等。

小旦：又称花旦，多扮演活泼、多情的少女或少妇，要求唱做并重，念白多用小白（安庆官话），声调脆嫩甜美，表演时常执手帕、扇子之类，舞动简单的巾帕花、扇子花。所扮演的角色如：《打猪草》中的陶金花、《游春》中的赵翠花、《小辞店》中的刘凤英等。演出整本大戏后，小旦行又细分出闺门旦及专演丫鬟的行当"捧托"。旦行是黄梅戏的主要行当，旧有"一旦挑一班"之说。

小生：多扮演青少年男子，用大嗓演唱，表演时常执折扇。扮演的角色如《罗帕记》的王科举、《春香闹学》的王金荣、《女驸马》的李兆廷、《天仙配》的董永等。

小丑：分小丑、老丑、女丑（彩旦）三小行。在黄梅戏中，丑行比较受欢迎。为帮助演出，小丑常拿着一根七八寸长的旱烟袋，老丑则拿着一根二三尺长的长烟袋，插科打诨，调节演出气氛。扮演的角色如《打豆腐》中的王小六、《钓蛤蟆》中的杨三笑等。

老旦：扮演老年妇女，在戏中多为配角。如《荞麦记》中的王夫人。

花脸：黄梅戏中花脸专工戏极少，除在大本戏中扮演包拯之类的角色外，多扮演恶霸、寨主之类的角色，如《卖花记》的草鼎、《二龙山》的于彪等。

正生：又称挂须，有黑白须之分，一般黑须称正生，白须称老生。重唱念，讲究喷口、吐字铿锵有力。所扮演的角色如《荞麦记》中的徐文进、《告经承》的张朝宗、《桐城奇案》的张柏龄等。

四、黄梅戏的服装及妆容

黄梅戏的服装是汉民族传统服饰的延续，不过以唐宋明时期的为多。较之京剧戏服，黄梅戏的服装少了浓墨重彩、华丽妖冶，多了清雅秀丽、自然隽永，自成一段风流。

黄梅戏妆容重眉眼。不同于京剧中浓墨描摹的眼廓、华丽的假面，黄梅戏戏装讲究晕染、讲究神韵，类似于古代仕女的淡妆，真实质朴，小生眉眼上扬，眉峰微聚，风神俊秀，清俊佳绝；花旦眉目含情，顾盼之间，自然一段潋滟风流。不同于其他剧类力求色彩艳丽旖旎，黄梅戏更像一汪氤氲山岚，缭绕缠绵、缱绻万千，于清秀淡雅中慢慢渗透出万紫千红。

五、黄梅戏的伴奏乐器

黄梅戏最初只有打击乐器伴奏，即所谓"三打七唱"。抗日战争时期，曾尝试用京胡托腔；后又试用二胡伴奏，但都未能推广。到新中国成立初期，才逐渐确定用高胡作主要伴奏乐器，并逐步建立起以民族乐器（包括高胡、二胡、琵琶、竹笛、扬琴、唢呐、司鼓等）为主，西洋乐器（电子琴、单簧管、口琴等）为辅的混合乐队，以增强音乐表现力。伴奏锣鼓最初只有大锣、小锣、扁形圆鼓，被称作"三打七唱"，即3人演奏打击乐器并参加帮腔、7人演唱。以后执堂鼓者又兼奏竹根节和钹，3名伴奏者分别坐在上场门内外侧和草台正中（奏鼓者）。20世纪30年代后，因受徽班和京剧影响，逐渐移至下场的台侧。传统的锣鼓点质朴、洗练，常用的有一、二、三、四、五、六、九槌，十三槌半、四不粘（又名"一字锣"）、蛤蟆跳缺、凤点头、三条箭、推公车等。配合身段表演的有起板锣鼓、十三槌半、七字锣、叫锣等。新中国成立后，又陆续吸收京剧技艺，编创了一些新锣点，以适应表演和声腔伴奏的需要。

模块二　戏曲表演训练

具体任务

➢ 了解戏曲表演的要求。
➢ 学习几段经典名段。

任务一　戏曲表演的要求

一、以形传神，形神兼备

把剧中人物的内心活动、精神气质和音容笑貌等转化为鲜明的外部形象，是戏曲表演在形象创造上的根本要求。20世纪30年代梅兰芳赴苏联访问演出时，曾在一次集会上穿着便装即兴表演了一些戏曲片段，博得了外国同行的赞佩。德国戏剧家布莱希特说过这样的话:"除了一两个喜剧演员之外,西方有哪个演员比得上梅兰芳,穿着日常西服,在一间挤满了专家和评论家的普通客厅里,不用化装,不用灯光,当众示范表演而能如此引人入胜?"

获得这种艺术效果的原因,就在于梅兰芳的表演艺术以细腻丰富的感情体验和优美生动的外部造型,表现出了中国古代女性的典型美。优秀的戏曲演员是动作的大师,他们总能从复杂纷纭的生活现象中提炼出足以表现人物性格的典型动作,用简练、概括的手法,表现出丰富的性格内涵。戏曲演员对生活既勤于观察,又精于提炼,因此常常能精确、鲜明地刻画出人物的外形和神韵,做到形神兼备。

二、善善恶恶,倾向鲜明

戏曲表演在形象创造上,不但要求形神兼备,而且寄托着创作者对人物的性格和品德方面的评价,善恶美丑,爱憎分明,常常通过人物的动作神态乃至化妆打扮等外部造型而得到鲜明的表现,分寸掌握得准确,手法也多种多样,在形象处理上,表现了创作者的道德理想和审美理想的一致。戏曲舞台上的关羽,红脸、绿蟒,长长的三绺美髯,以浓重的色彩烘托出庄严威武的气势;唱腔高亢激越,虎虎有生气,这种种艺术处理,突出了关羽的神勇和威严,也体现出历代民间艺人对关羽的崇敬和歌颂。

有些人物形象往往带有乐观、开朗、幽默的喜剧色彩,这既是对人物性格的真实刻画,又表现了创作者的美学评价,使人感到演员是带着微笑甚至溺爱的态度来塑造他的人物的,穆桂英、孙玉姣、张飞、李逵等都属于这一类,张飞后来成了蜀国的大将,但他天真烂漫、嫉恶如仇的浪漫主义气质始终未变,就是创作者采取的独特手法,从而让观众感到亲切、可爱。而当表演者要对某些人物进行批判或谴责时,也会毫不客气,一针见血。戏曲植根于民间,在发展流传中又受到人民群众的检验,因而不能不反映人民的喜恶。人民的爱憎是鲜明的,反映在戏曲舞台形象的处理上也是爱憎鲜明的,这是戏曲的群众性和人民性在表演艺术上的反映。

三、注重美感,创造形象

戏曲十分重视艺术的娱乐功能,寓美于教育之中,因此戏曲表演既注重形象刻画的鲜明生动,又注重艺术的美感。如梅兰芳的《贵妃醉酒》表演:一个喝醉酒的人实际上是呕吐狼藉,东倒西歪,令人厌恶而不美观的;舞台上唱醉的人,就不能做得让人讨厌。应该着重姿态的曼妙,歌舞的合拍,使观众能够得到美感。而反面形象如《十五贯》的娄阿鼠等,就其性格刻画的深度说,应具有深刻的批判力量;但在艺术上却是精雕细琢,在进行道德评价的同时,充分满足观众对美的欣赏要求。讲求艺术的美感,离不开形式美,在这方面,戏曲表演中积累了丰富的经验。比如:念白要求讲语言美、演唱要求讲声腔美、身段功架讲究出场、亮相的姿势和"站有站相,坐有坐相",这是讲静态美;又讲究手、眼、身、法、步的联系和协调,这是动态美。单是水袖上的功夫，就有勾、挑、撑、冲、拨、扬、掸、甩、打、抖、抛、抓等多种不同的舞法等，不但是表达感情的特殊手段，还要在线条、姿态和韵律上给人以美感。由于戏曲主要是在三面面向观众的舞台上发展起来的，这也形成了一种传统：不但每一个动作要照顾到形式美，而且要求在动作的运动过程中照顾到每一个观众的视角，让任何一个角落的观众都能看到美的线条和美的造型。这三点互相联系的美学要求，不但贯串于形象创造的全过程，而且凝聚在表演程式之中。生、旦、净、丑各个角色行当，就是在长期艺术实践中逐渐稳定、汇集起来的性格化表演程式的分类系统。

任务二　三大戏曲的著名选段

一、京剧名段

（一）《说唱脸谱》片段

蓝脸的窦尔敦，盗御马，红脸的关公，战长沙，黄脸的典韦，白脸的曹操，黑脸的张飞，叫喳喳……

（二）《红灯记》选段

奶奶您听我说，我家的表叔，数不清。没有大事，不登门，虽说是，虽说是亲眷又不相认，可他比亲眷还要亲。爹爹和奶奶齐声唤亲人，这里的奥妙我也能猜出几分。他们和爹爹都一样，都有一颗，红亮的心。

二、越剧名段

（一）《红楼梦》选段——天上掉下个林妹妹

天下掉下个林妹妹，似一朵轻云刚出岫，只道他腹内草莽人轻浮，却原来骨格清奇非俗流，娴静犹如花照水，行动好比风扶柳，眉梢眼角藏秀气，声音笑貌露温柔。贾：眼前分明外来客，心底却似旧时友，天上掉下个林妹妹，似一朵轻云刚出岫，只道他腹内草莽人轻浮，却原来骨格清奇非俗流，娴静犹如花照水，行动好比风扶柳，眉梢眼角藏秀气，声音笑貌露温柔，眼前分明外来客，心底却似旧时友。

（二）《梁山伯与祝英台》选段——我家有个小九妹

我家有个小九妹，聪明伶俐人钦佩，描龙绣凤称能手，琴棋书画件件会。我此番杭城求名师，九妹一心想同来，我以为男儿固须经书读，女孩儿读书也该应，都只为爹爹太固执，终于留下小九妹。

三、黄梅戏名段

（一）《天仙配》选段——夫妻双双把家还

树上的鸟儿成双对，绿水青山绽笑颜，从今再不受那奴役苦，夫妻双双把家还，你耕田来我织布，我挑水来你浇园，寒窑虽破能抵风雨，夫妻恩爱苦也甜，你我好比鸳鸯鸟，比翼双飞在人间。

（二）《女驸马》选段

为救李郎离家园，谁料皇榜中状元，中状元着红袍，帽插宫花好啊好新鲜，我也曾赴过琼林宴，我也曾打马御街前，人人夸我潘安貌，原来纱帽罩婵娟，我考状元不为把名显，我考状元不为做高官，为了多情李公子，夫妻恩爱花好月儿圆。

【项目实践】

实践内容： 学生观看相关名段视频资料，并结合本项目的各个任务进行练习。

能力要求： 熟悉掌握经典名段的表演。

项目六

诗歌朗诵

知识目标： 了解诗歌分类，熟练掌握诗歌朗诵的表演技巧。

能力目标： 能体会诗词文化，表达诗词作品的丰富多彩，能针对某一具体旅游活动在导游词讲解中增加诗歌朗诵项目。

思政目标： 增强民族自信心和自豪感，培养学生热爱祖国经典诗文的美好情操，促进文明素养的养成。

参考学时： 8学时（理论2学时，实训6学时）。

模块一　诗歌分类和朗诵要求

 具体任务

> 了解诗歌的分类和特点。
> 掌握朗诵诗歌的要求。

任务一　诗歌的分类和特点

诗歌原是诗与歌的总称，诗和音乐、舞蹈结合在一起，统称为诗歌。诗即歌词，在实际表演中总是配合音乐、舞蹈而歌唱，后来诗、歌、乐、舞各自发展，独立成体，以入乐与否区分歌与诗，入乐为歌，不入乐为诗，诗从歌中分化而来，成为一种集中反映社会生活并具有一定节奏和韵律的语言艺术。

一、诗歌的分类

中国诗歌历史悠久，源远流长。我们不仅要喜欢诗歌、熟读诗歌，还要了解诗歌的分类。

（一）古典诗歌

古典诗歌是五四运动以前产生的各种诗歌体裁形式，又可分为古体诗和近体诗。古体诗指唐朝以前的诗歌和唐朝以后诗人的仿作，由民歌发展而来，不求对仗、平仄，用韵自由。近体诗包括律诗和绝句，是与古体诗相对的一种诗歌样式，又称今体诗、格律诗，句数、字数、平仄、用韵都有严格的规定。古典诗歌按题材内容可做如下分类：

1. 叙事诗

叙事诗用诗的形式刻画人物，通过写人叙事来抒发情感，与小说戏剧相比情节一般较为简单。这种体裁形式，有故事、人物等小说的内容，而且情景交融，兼有抒情诗的特点，情节完整而集中，人物性格突出而典型，有浓厚的诗意，又有简练的叙事，有层次清晰的生活场面。

经典作品诵读：

（1）李白《静夜思》：

床前明月光，疑是地上霜。举头望明月，低头思故乡。

（2）白居易《阴雨》：

岚雾今朝重，江山此地深。滩声秋更急，峡气晓多阴。望阙云遮眼，思乡雨滴心。将何慰幽独？赖此北窗琴。

（3）《木兰诗》节选：

唧唧复唧唧，木兰当户织。不闻机杼声，惟闻女叹息。问女何所思，问女何所忆。女亦无所思，女亦无所忆。昨夜见军帖，可汗大点兵。军书十二卷，卷卷有爷名。阿爷无大儿，木兰无长兄。愿为市鞍马，从此替爷征。

2. 送别诗

送别诗，是抒发诗人离别之情的汉族诗歌。古往今来，许多文人墨客对于离别总是歌吟不绝，在这浓浓的感伤之外，往往还有其他寄寓：或用以激励劝勉，或用以抒发友情，或用于寄托诗人自己的理想抱负。另外，唐朝的一些送别诗往往洋溢着积极向上的青春气息，充满希望和梦想，反映了盛唐的精神风貌。

经典作品诵读：

（1）王维《送元二使安西》：

渭城朝雨浥轻尘，客舍青青柳色新。劝君更尽一杯酒，西出阳关无故人。

（2）王昌龄《芙蓉楼送辛渐》：

寒雨连江夜入吴，平明送客楚山孤。洛阳亲友如相问，一片冰心在玉壶。

（3）李白《赠汪伦》：

李白乘舟将欲行，忽闻岸上踏歌声。桃花潭水深千尺，不及汪伦送我情。

（4）白居易《赋得古原草送别》：

离离原上草，一岁一枯荣。野火烧不尽，春风吹又生。

远芳侵古道，晴翠接荒城。又送王孙去，萋萋满别情。

（5）李叔同《送别》：

长亭外，古道边，芳草碧连天。晚风拂柳笛声残，夕阳山外山。天之涯，海之角，知交半零落。一杯浊酒尽余欢，今宵别梦寒。

3. 边塞诗

边塞诗是以边疆地区汉族军民生活和自然风光为题材的诗。边塞诗是唐代汉族诗歌的主要题材，是唐诗当中思想性最深刻、想象力最丰富、艺术性最强的一部分，内容包括边塞风光、边疆战士的艰苦生活、杀敌报国，建功立业的抱负和边疆将士思乡的情思等，其中有些宏伟的篇章不但是汉族文学的宝贵财富，而且极具历史意义。

经典作品诵读：

（1）王翰《凉州词》：

葡萄美酒夜光杯，欲饮琵琶马上催。醉卧沙场君莫笑，古来征战几人回。

（2）王昌龄《从军行》：

青海长云暗雪山，孤城遥望玉门关。黄沙百战穿金甲，不破楼兰终不还。山川萧条极边上，胡骑凭陵杂风雨。战士军前半生死，美人帐下犹歌舞。

（3）杜甫《前出塞》：

挽弓当挽强，用箭当用长。射人先射马，擒贼先擒王。杀人亦有限，列国自有疆。苟能制侵陵，岂在多杀伤。

（4）王昌龄《出塞》：

秦时明月汉时关，万里长征人未还。但使龙城飞将在，不教胡马度阴山。

4. 山水田园诗

山水田园诗源于南北朝的谢灵运和晋代陶渊明，以唐代王维、孟浩然为代表。这类诗以描写自然风光、农村景物以及安逸恬淡的隐居生活见长。诗境隽永优美，风格恬静淡雅，语言清丽洗练，多用白描手法。诗人们以山水田园为审美对象，把细腻的笔触投向静谧的山林，悠闲的田野，创造出一种田园牧歌式的生活，借以表达对现实的不满，对宁静平和生活的向往。

经典作品诵读：

（1）孟浩然《过故人庄》：

故人具鸡黍，邀我至田家。绿树村边合，青山郭外斜。开轩面场圃，把酒话桑麻。待到重阳日，还来就菊花。

（2）杜甫《绝句》：

两个黄鹂鸣翠柳，一行白鹭上青天。窗含西岭千秋雪，门泊东吴万里船。

（3）陶渊明《归园田居五首》：

种豆南山下，草盛豆苗稀。晨兴理荒秽，带月荷锄归。道狭草木长，夕露沾我衣。衣沾不足惜，但使愿无违。

5. 怀古诗

怀古诗是古代汉族诗词中内容、思想较沉重的作品，主要是以历史事件、历史人物、历史陈迹为题材，借登高望远、咏叹史实、怀念古迹来达到感慨兴衰、寄托哀思、托古讽今等目的。这类诗多写古人往事，且多用典故，手法委婉，感情基调一般都苍劲悲凉。

经典作品诵读：

（1）辛弃疾《南乡子·登京口北固亭有怀》：

何处望神州？满眼风光北固楼。千古兴亡多少事？悠悠。不尽长江滚滚流。年少万兜鍪，坐断东南战未休。天下英雄谁敌手？曹刘。生子当如孙仲谋。

（2）苏轼《念奴娇·赤壁怀古》：

大江东去，浪淘尽，千古风流人物。故垒西边，人道是，三国周郎赤壁。乱石穿空，惊涛拍岸，卷起千堆雪。江山如画，一时多少豪杰。遥想公瑾当年，小乔初嫁了，雄姿英发。羽扇纶巾，谈笑间，樯橹灰飞烟灭。故国神游，多情应笑我，早生华发。人生如梦，一樽还酹江月。

（3）张养浩《山坡羊·潼关怀古》：

峰峦如聚，波涛如怒，山河表里潼关路。望西都，意踌躇。伤心秦汉经行处，宫阙万间都做了土。兴，百姓苦；亡，百姓苦！

（二）现代诗歌

现代诗也叫"白话诗"，与古典诗歌相对而言，一般不拘格式和韵律。现代诗形式自由，意涵丰富，意象经营重于修辞运用，与古诗相比，虽都为感于物而作，都是心灵的映现，更加强调自由开放和直率陈述。现代诗的主流是自由体新诗。自由体新诗是中国"五四"新文化运动的产物，形式上采用白话，打破了旧体诗的格律束缚，内容上主要是反映新生活，表现新思想。具体分类如下：

1. 按表达方式划分，分为叙事诗和抒情诗

叙事诗中有比较完整的故事情节和人物形象，通常以诗人满怀激情的歌唱方式来表现。史诗、故事诗、诗体小说等都属于这一类。抒情诗主要通过直接抒发诗人的思想感情来反映社会生活，不要求描述完整的故事情节和人物形象，如情歌、颂歌、哀歌、挽歌、牧歌和讽刺诗。

2. 按照语言音韵格律和结构形式划分，分为格律诗、自由诗、散文诗和韵脚诗

这是按照作品语言的音韵格律和结构形式来分类的。格律诗是按照一定格式和规则写成的诗歌。它对诗的行数、诗句的字数（或音节）、声调音韵、词语对仗、句式排列等有严格规定。自由诗是近代欧美新发展起来的一种诗体，其不受格律限制，无固定格式，注重自然的、内在的节奏，押大致相近的韵或不押韵，字数、行数、句式、音调都比较自由，语言比较通俗。散文诗是兼有散文和诗的特点的一种文学体裁。作品中有诗的意境和激情，富有哲理，注重自然的节奏感和音乐美，篇幅短小，像散文一样不分行，不押韵。韵脚诗属于文学体裁的一种，顾名思义，泛指诗的结尾须押韵，不论格律和音步，读起来朗朗上口如同歌谣。

经典作品诵读：

（1）卞之琳《断章》：

你站在桥上看风景，看风景的人在楼上看你。明月装饰了你的窗子，你装饰了别人的梦。

（2）徐志摩《再别康桥》：

轻轻的我走了，正如我轻轻的来；我轻轻的招手，作别西天的云彩。那河畔的金柳，是夕阳中的新娘；波光里的艳影，在我的心头荡漾。软泥上的青荇，油油的在水底招摇；在康河的柔波里，甘心做一条水草！那榆荫下的一潭，不是清泉，是天上虹；揉碎在浮藻间，沉淀着彩虹似的梦。寻梦？撑一支长篙，向青草更青处漫溯；满载一船星辉，在星辉斑斓里放歌。但我不能放歌，悄悄是别离的笙箫；夏虫也为我沉默，沉默是今晚的康桥！悄悄的我走了，正如我悄悄的来；我挥一挥衣袖，不带走一片云彩。

（3）戴望舒《我用残缺的手掌》：

我用残损的手掌，摸索这广大的土地，这一角已变成灰烬，那一角只是血和泥；这一片湖该是我的家乡，（春天，堤上繁花如锦障，嫩柳枝折断有奇异的芬芳，）我触到荇藻和水的微凉；这长白山的雪峰冷到彻骨，这黄河的水夹泥沙在指间滑出；江南的水田，你当年新生的禾草是那么细，那么软……现在只有蓬蒿；岭南的荔枝花寂寞地憔悴，尽那边，我蘸着南海没有渔船的苦水……无形的手掌掠过无限的江山，手指沾了血和灰，手掌沾了阴暗，只有那辽远的一角依然完整，温暖，明朗，坚固而蓬勃生春。在那上面，我用残损的手掌轻抚，像恋人的柔发，婴孩手中乳。我把全部的力量运在手掌贴在上面，寄与爱和一切希望，因为只有那里是太阳，是春，将驱逐阴暗，带来苏生，因为只有那里我们不像牲口一样活，蝼蚁一样死……那里，永恒的中国！

拓展阅读　赞美桂林山水的诗句

1. 诗

王昌龄《送谭八之桂林》：客心仍在楚，江馆复临湘。别意猿鸟外，天寒桂水长。

李渤《桂林叹雁》：三朝四黜倦迁征，往复皆愁万里程。尔解分飞却回去，我方从此向南行。

李商隐《桂林路中作》：地暖无秋色，江晴有暮晖。空馀蝉嘒嘒，犹向客依依。村小犬相护，沙平僧独归。欲成西北望，又见鹧鸪飞。

韩愈《赠别元十八协律六首（桂林伯，桂管观察使裴行立也）》：读书患不多，思义患不明。患足已不学，既学患不行。子今四美具，实大华亦荣。王官不可阙，未宜后诸生。嗟我擯南海，无由助飞鸣。

许浑《送杜秀才归桂林》：桂州南去与谁同，处处山连水自通。两岸晓霞千里草，半帆斜日一江风。瘴雨欲来枫树黑，火云初起荔枝红。愁君路远销年月，莫滞三湘五岭中。

杨衡《送公孙器自桂林归蜀》：桂林浅复碧，潺湲半露石。将乘触物舟，暂驻飞空锡。蜀乡异青眼，蓬户高朱戟。风度杳难寻，云飘讵留迹。旧户闲花草，驯鸽傍檐隙。挥手共忘怀，日堕千山夕。

2. 诗歌

《桂林山水甲天下》（作者：贺敬之）

　　桂林山水甲天下
　　四方游人迷恋它
　　青山绿水呈倒影
　　碧水蓝天映彩霞
　　两岸山歌空中飘

> 牛哥江中鱼网撒
> 原是歌王三姐家
>
> 《桂林山水诗歌》（节选）：
> 云中的神啊，雾中的仙，
> 神姿仙态桂林的山！
> 情一样深啊，梦一样美，
> 如情似梦漓江的水！
> 水几重啊，山几重？
> 水绕山环桂林城
> 是山城啊，是水城？
> 都在青山绿水中
> 啊！此山此水入胸怀，
> 此时此身何处来？
> 黄河的浪涛塞外的风。
> 此来关山千万重。
> 马鞍上梦见沙盘上画：
> "桂林山水甲天下"。

二、诗歌的特点

诗歌饱含着作者的思想感情与丰富的想象，语言凝练而形象性强，具有鲜明的节奏、和谐的音韵，富于音乐美，语句一般分行排列，注重结构形式的美。

我国现代诗人、文学评论家何其芳曾说："诗是一种最集中地反映社会生活的文学样式，它饱含着丰富的想象和感情，常常以直接抒情的方式来表现，而且在精炼与和谐的程度上，特别是在节奏的鲜明上，它的语言有别于散文的语言。"

诗歌具有以下几个基本特点：第一，高度集中、概括地反映生活，诗歌的内容是社会生活最集中的反映。第二，诗歌的语言精练、形象、音调和谐、节奏鲜明，抒情言志，饱含丰富的思想感情。第三，丰富的想象、联想和幻想。第四，诗歌不以句子为单位，而是以行为单位，分行主要根据节奏，语言具有音乐美。

任务二　诗歌朗诵的要求

朗，即声音的清晰、响亮；诵，即背诵。朗诵，就是用清晰、响亮的声音，结合各种语言手段来表达作品思想感情的一种语言艺术。诗歌具有感情浓烈、富有韵律、文学性强、流传广泛、影响深远等特点，这些特点都特别适于进行有声语言艺术创作。

诗歌朗诵是一种艺术，要有感情，而且要通过掌握诗的语言的节奏、高低、急缓来表达感情。

诗歌朗诵要能够再现作品的思想内容，内心的事项要与作品和作者相同，必须要求内心所想到和看到的内心视像，能够有原始情景的再现和再有，要求朗诵者有规范的语言基本功，口齿清晰、字正腔圆、声情并茂。朗诵时，一方面要深刻透彻地把握作品的内容，另一方面要合理地运用各种艺术手段，准确地表达作品的内在含义。常用的基本表达手段有：停顿、重音、语速、句调。

一、停顿

停顿指语句或词语之间声音上的间歇。停顿一是由于朗诵者在朗诵时生理上的需要；二是句子结构上的需要；三是为了充分表达思想感情的需要；四是也可给听者一个领略、思考、理解和接受的余地，帮助听者理解文章含义，加深印象。停顿包括生理停顿、语法停顿、强调停顿。

（一）生理停顿

生理停顿即朗诵者根据气息需要，在不影响语义完整的地方做一个短暂的停歇。需要注意的是，生理停顿不能妨碍语义表达，不能割裂语法结构。

（二）语法停顿

语法停顿主要反映一句话里面的语法关系，在书面语言里反映为标点。一般来说，语法停顿时间的长短同标点大致相关。例如句号、问号、叹号后的停顿比分号、冒号长；分号、冒号后的停顿比逗号长；逗号后的停顿比顿号长；段落之间的停顿则长于句子之间的停顿。

（三）强调停顿

为了强调某一事物，突出某个语意或某种感情，而在书面上没有标点、在生理上也可不做停顿的地方做了停顿，或者在书面上有标点的地方做了较大的停顿，这样的停顿被称为强调停顿。强调停顿主要靠仔细揣摩作品，深刻体会其内在含义来安排。如果不仔细揣度作品而任意强调停顿，容易产生错误的理解。

二、重音

重音是指朗诵、说话时句子里某些词语念得比较重的现象，一般用增加声音的强度来体现。重音有语法重音和强调重音两种。

（一）语法重音

在不表示特殊思想和感情的情况下，根据语法结构的特点，而把句子的某些部分重读的，叫语法重音。语法重音的位置比较固定，常见的规律如下：

（1）一般短句子里的谓语部分常重读。
（2）动词或形容词前的状语常重读。
（3）动词后面由形容词、动词及部分词组充当的补语常重读。
（4）名词前的定语常重读。
（5）有些代词也常重读，如果一句话里成分较多，重读也就不止一处，往往优先重读定语、状语、补语等连带成分。如：我们是怎样度过这惊涛骇浪的瞬息！值得注意的是，语法重音的强度并不十分强，只是与语句的其他部分相比较，读得比较重一些罢了。

（二）强调重音

强调重音是指为了表示某种特殊的感情和强调某种特殊意义而故意说得重一些的音，目的是引起听者注意自己所要强调的某个部分。语句在什么地方该用强调重音并没有固定的规律，而是受说话的环境、内容和感情支配的。同一句话，强调重音不同，表达的意思也往往不同，例如：我去过上海。（回答"谁去过上海"）我去过上海。（回答"你去没去过上海"）我去过上海。（回答"北京、上海等地，你去过哪儿？"）因而，在朗诵时，首先要认真钻研作品，正确理解作者意图，才能较快较准地找到强调重音所在。

三、语速

语速是指说话或朗诵时每个音节的长短及音节之间连接的紧松。说话的速度是由说话人的感情决定的，朗诵的速度则与文章的思想内容相联系。一般来说，热烈、欢快、兴奋、紧张的内容速度快一些；平静、庄重、悲伤、沉重、追忆的内容速度慢一些；而一般的叙述、说明、议论则用中速。

四、句调

在汉语中，字有字调，句有句调。字调通常被称为声调，是指音节的高低升降；句调被称为语调，是指语句的高低升降。句调是贯穿整个句干的，只是在句末音节上表现得特别明显。根据表示的语气和感情态度的不同，句调可分为4种：升调、降调、平调、曲调。

（1）升调（↑），前低后高，语势上升。一般用来表示疑问、反问、惊异等语气。
（2）降调（↓），前高后低，语势渐降。一般用于陈述句、感叹句、祈使句，表示肯定、坚决、赞美、祝福等感情。
（3）平调（—），这种调子，语势平稳舒缓，没有明显的升降变化，用于不带特殊感情的陈述和说明，还可表示庄严、悲痛、冷淡等感情。
（4）曲调，全句语调弯曲，或先升后降，或先降后升，往往把句中需要突出的词语拖长着念。这种句调常用来表示讽刺、厌恶、反语、意在言外等语气。

模块二　诗歌朗诵训练

 具体任务

- ➤ 掌握诗歌朗诵的技巧。
- ➤ 在导游词讲解中巧妙添加诗歌朗诵。

任务一　诗歌朗诵的技巧

一、朗诵的肢体语言

（一）眼神

眼神会说话，会传情达意，能够取得"此时无声胜有声"的效果。眼睛的神色变化，倾诉着一个人的微妙心理，帮助人们传达许多具体、复杂甚至难以言传的思想感情。在朗诵中眼神具有重要的表情、表意和控场作用。一个在朗诵过程中会使用正确眼神表达的表演者，无疑是灵动、自然的，可以让朗诵的效果事半功倍。

1. 环视法

有节奏或周期性地把视线从会场、教室的左方扫到右方，再从右方扫到左方；从前边扫到后边，从后边扫到前边，以便不断地观察和发现所有听众的动态。朗诵者切忌眼睛老是向上翻动，瞅天花板或老盯住某一个人、某一个地方，而忘记前排及左右两边的死角，更不能经常把眼光漂向窗外。

2. 点视法

朗诵者的观察要有重点。在环视过程中，发现哪里不安静了，应立即投去关注的目光；讲到重点和难点需让听众听明白，投以帮助性目光；对有疑问的人，要投以启发性目光；对提高偏离轨道、说东道西的听众，要投以引导性目光；对犹豫不决、欲言又止的提问者，要投以鼓励和赞许性目光。

3. 虚视法

朗诵者的眼睛好像盯住什么东西，但实际上什么也没有看。这种眼神既可以克服紧张的毛病，显示出端庄大方的神态，又可以把精力集中在演讲内容上。它对初次登台的演讲者十分有效。但因为它是一种转换性目光，不可常用。

朗诵者要自觉赋予眼神以一定的内容，明确使用的目的性。比如，要给听众一种可亲感，以利于他们接受朗诵者的意见，就应该让眼睛闪现热情、诚恳、坦白、亲切的光芒。倘若朗诵者不能明白这一点，或甚至不自觉地让眼睛放射出一种轻蔑、冷淡、虚伪或者咄咄逼人的光芒，必然会收到相反的效果。环顾时要注意有意识、有节制地流转。经验表明，眼睛从一个地方扫到另一个地方，又从另一个地方转回原来的地方，如此不断地循环往复，不但不能照顾全场，集中听众的注意力，相反还会使听众也跟着朗诵者乱转，从而分散了注意力，严重时甚至可能引起听众的厌倦情绪，从此不再注意朗诵者的眼神。眼睛的活动不但要和脸部的表情协调一致，而且还要同有声语言和态势密切配合，才能收到更大的交流效果。因为协调一致才容易被听众所理解，也才能有效地把眼睛的神色变化烘托出来。

> **拓展阅读**　《眼神运用口诀》
>
> 朗诵眼神很重要，
> 传情达意气氛好。
> 若与观众无交流，
> 地板文稿枉费瞧。
> 纵向视线在中排，
> 不宜太低与太高。
> 横向视线莫停留，
> 环点虚法均有效。
> 环视节奏把握好，
> 切忌向上向外瞧。
> 点视关注或引导，
> 初次登台虚视好。
> 眼神空洞是大忌，
> 环顾专注要控好。
> 若想观众能理解，
> 表情配合很重要。

（二）站姿

良好的站姿，不仅能展示朗诵者的体态优美、舒展、挺拔，也有利于展示其综合魅力。

标准的站姿，从正面观看，全身笔直，精神饱满，具体要求如下：

（1）抬头，脸自然地面向前方，两眼正视，头顶持平，下巴微收。

（2）双肩平齐放松、略微下压，头和脖子向上延伸，给人一种向上提起的感觉。

（3）挺胸、收腹、立腰、提臀，腰背挺直，身体直立。

（4）双臂自然下垂，手掌放在大腿裤缝两侧。

（5）双腿并拢挺直，手中指贴裤缝，脚尖分开，双脚从自己角度看呈八字形，女生还可以双脚呈丁字步方式站立。

日常训练站姿的时候，可以采用贴墙练习法，使头、双肩、臀部、双腿和脚后跟紧贴墙壁，挺胸、用力吸气，使小腹和臀部内缩，让后背和腰部也尽量去贴近墙壁，站立训练时间从一分钟开始逐渐延长。

（三）手势

手势在朗诵中起着十分重要的辅助作用，对文字的解读具有一定的指向性和表演性。朗诵时双手不动会让人觉得呆板，朗诵也会沉闷。手势挥动的高度、弧度和摆度都应该在一个适当的范围，一般可以分为上部手势、中部手势和下部手势。

1. 上部手势

手势抬到肩部以上，用于感情激越之时，大声疾呼发出号召、进行声讨，或强调内容、展示前景、畅想未来等。

2. 中部手势

手势从腹部至肩部，情绪平稳、娓娓道来或亲切交流的时候运用。

3. 下部手势

手势在腹部以下，这个部位的手势，一般表达憎恨厌恶、鄙视、自卑和不畅的情感。

> **拓展阅读** 朗诵时常用的手势
>
> 手势应该少而精，以遵循朗读固有的美学境界为原则，以自然大方为标准，切不可为手势而手势。顺着文学作品的情感，由内心生发出想做手势而去做，就会浑然天成。也就是说，当朗诵者把情感这一问题解决了之后，我们的"手势"就会"自动生成"。
>
> 要根据作品的实际情况来设计手势的运用，要用情感来带动才能让朗读者的朗读更加有感染力。要想在朗读中达到有声语言和手势完美结合的境界，朗读者还必须潜心揣摩作品的深刻含义，精心设计手势动作，耐心进行演示操练，反复修改，不断完善，直到手势与有声语言浑然一体，并起到有声语言无法替代的作用。
>
> 朗诵时常用手势如下：

(1) 拇指式，竖起大拇指，其余四指弯曲，表示强大，肯定，赞美，第一等意。

(2) 食指式，食指伸出，其余四指弯曲并拢，用来指称人物、事物、方向，或者表示观点甚至表示肯定，胳膊向上伸直，食指向空中则表示强调。

(3) 手推式，指尖向上并拢，掌心向外推出，有向前，希望等意思，显示出坚定与力量。

(4) 仰手式，掌心向上，拇指自然张开，其余弯曲，手部抬高表示"赞美""希望"；平放是"乞求""请施舍"；手部放低表示无可奈何，很坦诚。

(5) 俯手式，掌心向下，其余状态同仰手式。这是审慎的提醒手势，演讲者有必要抑制听众的情绪，进而达到控场的目的，同时表示反对、否定之意；有时表示安慰、许可之意；有时又用以指示方向。

(6) 手切式。手剪式的一种变式，五指并拢，手掌挺直，像一把斧子用力劈下，表示果断、坚决、排除之意。

(7) 手压式，手臂自然伸直，掌心向下，手掌一下一下向下压去。当听众情绪激动时，可用这一手势平息。

(8) 抚身式，五指自然并拢，抚摸自己身体的某一部分。以这种手势把手放在胸前，往往成为一些演讲者的习惯手势。双手抚胸表示沉思、谦逊、反躬自问，如果以收抚头表示懊恼、回忆等。

(9) 掌分式，双手自然撑拳，用力分开。掌心向上表示"开展""行动起来"等意；掌心向下表示"排除""取缔"；平行伸开表示"面积""平面"之意。

(10) 拳举式，单手或双手握拳，平举胸前，表示示威、报复；高举过肩或挥动或直捶或斜击，表示愤怒，呐喊等。在朗诵到情感激昂、歌颂类型的句子时常使用这种手势，但不宜多用。

二、朗诵的服饰语言

诗歌朗诵就是朗诵者用清晰的语言、响亮的声音、优美的体态、引入的动作把原诗歌作品有感情地向听众表达出来，以传达诗歌的思想内容，从而引起听众的共鸣。基于我国悠久的礼仪文化的长期积淀，有着一些约定俗成、广泛认同的要求。朗诵诗歌时，朗诵者的服装要做到基本得体、大方，适合朗诵者的身份，适合朗诵的内容、朗诵环境以及观众的特点。正式场合，男士应选择正装，如西装、中山装，或者西裤配净版的衬衫等；女士应穿着职业套装，颜色素雅。同时，还要根据具体情境搭配服饰，如朗诵追思一类的诗歌，衣服避免色彩艳丽；朗诵古韵类的传统诗歌，可以适当穿着古典色彩的衣服。

三、朗诵的配乐要求

要朗诵一首好诗，音乐要与诗歌相呼应，配乐是诗歌朗诵中不可或缺的一个重要组成元素，是诗歌的润滑剂与助推器。诗歌朗诵的配乐不仅能调节气氛，还能够增强情感的表达，达到一种让观众身临其境的感受。配乐有抒情、激昂、悲伤等各种风格，搭配时要注意与诗歌类型和情感表达相呼应，中国古诗词通常会以民族乐器为主；现代诗歌主要以管弦乐配器为主；缓慢伤感的诗歌配上轻松的纯音乐顿时更有质感，而激昂慷慨的诗歌配上激情的音乐则更有气势。

常用的诗朗诵配乐有：《雨的印记》《神秘园》《安妮的仙境》《雨中漫步》《和兰花在一起》《森林狂想曲》《蓝色的爱》《回家》《爱的协奏曲》《海边的祈祷》《天空之城》《远方的寂静》《春野》《你的笑颜》《雪的梦幻》。

任务二　朗诵训练

《请党放心，强国有我》
——建党 100 周年庆祝大会共青团员和少先队员代表集体朗诵

今天，我们站在天安门广场，紧贴着祖国的心房

今天，我们歌颂人民英雄的荣光，见证如他们所愿的梦想

今天，我们向党致以青春的礼赞

走过百年，风华正茂的中国共产党

今天，我们对党许下青春的誓言

新的百年，听党话、感党恩、跟党走

同心向党，奔赴远方

妈妈对我说，在每个人心中，中国共产党都是光荣的模样

党是冉冉升起的旭日，驱散黑暗，带来光明

将可爱的中国照亮

党是高高飘扬的旗帜，昭示信念，指明方向

为可爱的中国领航

老师告诉我，一百年前，古老的中华大地诞生了中国共产党，播撒信仰的火种，点亮真理的强光

这束光，激发了井冈山上的革命理想

星星之火，可以燎原

这束光，照亮了长征路上的正确方向

雄关漫道，万水千山

这束光，辉耀了宝塔山上的民族希望
保卫华北，保卫黄河
这束光，映照了百万雄师横渡长江
天翻地覆，正道沧桑
你看，天安门广场升起第一面五星红旗
中国人民从此站起来了！
当家做主人，建设新中国
这是中国人民满怀豪情的激昂
你听，"抗美援朝，保家卫国"的军歌嘹亮
你听，大庆铁人"拼命拿下大油田"的誓言铿锵
你听，"两弹一星"震惊世界的东方巨响
你听，红旗渠"誓把河山重安排"的豪迈乐章
到祖国最需要的地方去！
南海潮涌，东方风来，春天的故事在希望的田野上铺展
故事里，有开放的特区敢为人先
故事里，有回归的港澳游子团圆
故事里，青藏铁路连接团结进步的桥梁
故事里，奥运火炬点燃自信自强的烈焰
团结起来，振兴中华！
站起来、富起来、强起来
新时代的号角响彻河山
脱贫攻坚，全面小康，千年梦想今朝实现
坚持以人民为中心
嫦娥探月，蛟龙深潜，大国重器世人惊艳
科技强则国家强
生态文明，绿色低碳，美丽中国展开画卷
绿水青山就是金山银山
和平发展，合作共赢，"一带一路"互通互联
推动构建人类命运共同体
新阶段、新理念、新格局
中国道路，中国奇迹举世称赞
为人民谋幸福，为民族谋复兴
满足人民对美好生活的向往
矢志不变
江山就是人民，人民就是江山
梦在前方，路在脚下

我们都是追梦人

为实现第二个百年奋斗目标,为实现中华民族伟大复兴的中国梦准备着;为共产主义事业而奋斗!时刻准备着;不忘初心,青春朝气永在,志在千秋,百年仍是少年,奋斗正青春!青春献给党!

请党放心,强国有我!

请党放心,强国有我!

请党放心,强国有我!

请党放心,强国有我!

《广西之歌》(节选)
——献给广西壮族自治区成立60周年
(作者:曹光哲)

我是你五千五百万分之一那个小小的我

我的脚下是你二十三万平方公里的辽阔

我是你亿万年旅途中一粒细细的沙

我永远唱着那首地老天荒的歌

这首歌——

是圣堂山上开不败的杜鹃花

是老山界傲视群雄的巍峨

还有那大明山和莲花山的深情拥抱

铸就你顶天立地的性格

这首歌——

是春天里飘飘洒洒的漓江烟雨

是夏日里红水河荡漾的碧波

还有那北部湾涌起的滔天巨浪

奏响你雷霆万钧的磅礴

这首歌——

是三娘湾白海豚自由的欢叫

是左江两岸白头叶猴飞檐走壁的洒脱

还有那守护着一片净土的红树林

写下无数生命顽强的本色

这首歌——

是千年铜鼓的千年绝唱

是花山岩画那些传奇无言的沉默

还有那刘三姐天籁般的歌声

……

我相信——

复兴之路上你并不感到寂寞

你是祖国版图上触手可及的那一块

和你永远站立在一起的

是一个豪情万丈的中国

我祝愿——

未来的你永远生机勃勃

眺望二零四九年梦想成真的那一年

我仿佛看见了你熟悉的身影

就像那旭日东升万丈喷薄

这就是我的广西啊

这就是我的颂歌

这就是我们的广西啊

这就是我们的颂歌

《因为有你》(节选)

(作者：刘嘉惟)

我们正走过一个特别的冬天。

我们正经历一场严峻的考验。

没有军号和硝烟，却行走在危险的边缘。

没有刀枪和利剑，却捍卫着生命的尊严。

在这守望相助的每一天。

在这众志成城的中国年。

我们正用坚如磐石的双肩。

践行着最铿锵有力的誓言。

扶危渡厄，是仁者的担当，疫情之下，有使命在召唤。

在千钧一发的生命线，在防控疫情的最前线，我们看到了最美逆行的背影，看到了坚定执着的双眼。

是的，你们站出来了，响当当，齐崭崭，如磐石，像泰山。

用力量把力量传递，用生命把生命点燃。

或是毅然决然的坚守，或是驰援千里的会战。

是你们用青春和热血，构筑起铜墙铁壁，你们是万里长城最坚固的城砖。

为了孩子们自由自在地呼吸，为了一声声亲密无间地交谈。

你们把日月揽在胸怀，你们把期盼扛在双肩，你们用最博大的爱。筑起人们心中，最安全的防线。

▶ 导游才艺

【项目实践】
　　实践内容：学生以个人为单位，进行诗歌朗诵比赛。
　　能力要求：尝试在导游词讲解中插入诗歌朗诵项目。

项目七

舞蹈艺术

知识目标：了解爵士舞与傣族舞，熟悉并掌握一段舞蹈的表演技巧。

能力目标：能体会爵士舞和傣族舞的文化，能够在导游比赛的才艺展示环节拥有出色的舞台表现力。

思政目标：培养学生的民族自豪感和自尊心，树立正确的情感价值取向，促进文明素养的养成。

参考学时：8学时（理论2学时，实训6学时）。

模块一　现代舞蹈

> **具体任务**
> ➤ 了解现代爵士舞练习要点。
> ➤ 学会一段爵士舞。

任务一　爵士舞

现代舞最早被称为"自由舞",即充分施展自己的肢体,放飞自己的心灵,根据自己的个性与愿望来进行舞蹈,不拘泥于传统的程式性动作与表情,重在表达人们的真实生活状态,自由地抒发人的真实情感。

爵士舞即美国现代舞,是一种急促又富有动感的节奏型舞蹈,属于一种外放性的舞蹈,不像古典芭蕾舞或现代舞所表现出的内敛性。爵士舞蹈最初是非洲舞蹈的延伸,后在美国逐渐演进并本土化、大众化。

爵士舞是追求愉快、活泼、有生气的一种舞蹈。它的特征是可自由自在地跳,不必像传统式的古典芭蕾必须局限于一种形式与遵守固有的姿态。

一、爵士舞的种类

1. 踢踏舞

踢踏舞可说是爵士舞的始祖。早在 19 世纪 80 年代中期已有踢踏舞的出现,它承接了非洲舞蹈中复杂及分割节奏的特色。20 世纪 20—40 年代是爵士舞的黄金时段,这时基本上爵士舞就等同踢踏舞,踢踏舞就是爵士舞。专业踢踏舞者在这个时候和大型爵士乐团常常一起表演。后来因潮流的转变和爵士舞流派分支的发展,踢踏舞渐渐被看成爵士舞之外的一种舞蹈。

2. 现代爵士舞

现代爵士舞中包含芭蕾舞、现代舞动作的影子和动作特质。除了典型爵士风格的角形动作和明快的肢体、躯干动作外,流畅而持续的动作也被用来强调修长的线条和曲线。下按的手腕、有型格的甫士和姿势对于舞台式爵士舞和现代爵士舞同样重要。现代爵士舞的爵士风格很有观赏价值。

3. 舞台式爵士舞

高帽和手杖是初期舞台式爵士舞常用的道具，但舞台式爵士舞也不只局限于这样。舞台式爵士舞有一种炫耀的风格，随着切分的爵士音乐伴奏显出摇摆的特质。

二、学习爵士舞的益处

（1）可以减肥、健身、塑身，让腹肌、手臂、臀部都能得到全面锻炼。爵士舞蹈是一项需要长期运动的舞蹈，只要平时在饮食上稍微注意一点身材就会很匀称。所以对于一些想要减肥、塑身又要学跳舞的人来说，爵士舞蹈是非常好的选择。

（2）可以增强女性自信，提升气质。爵士舞深受白领女性的青睐。为什么白领女性会如此喜爱爵士舞呢？经过与她们的交流得到答案：她们觉得当在各种风格的音乐中热情奔放地舞动时，心中感到从未有过的舒畅，而且舞蹈动作简单、性感且美观。

（3）可以减轻生活、工作压力。

（4）可以治疗产后忧郁症。女性因为产后体重增加、身材变形，自信心受到很大的打击，容易患产后忧郁，而学习爵士舞可以帮助恢复身材，从而治疗产后忧郁。

（5）可以提升女士的决心毅力，通过不断练习来培养自己的恒心。

三、爵士舞的基本功

（一）韧带训练和手脚动作

1. 韧带训练

想要学好任何一种舞蹈，都必须要先拉韧带，爵士舞也不例外。不是从小就有韧带练习的学习者，就要天天压腿然后踢腿把韧带踢松。虽然拉韧带的过程很疼、很累，但是一定要每天坚持。注意：按压的时候腿一定要保持绷直状态，身体尽量去贴紧自己的腿，越有酸痛感越有效果，手臂的拉伸也是一样。拉韧带其实只是为了让舞者在跳舞时身体更舒展、舞姿更优美，而且这样跳起来也不会感觉很累。回去后可以在床上做韧带拉伸，对女性来说是非常有帮助的。

2. 手臂训练

手臂一定要直、快、力！将双手的肘关节在空中平行定位，高度在肩膀略低10厘米，旋转双手臂。开始的时候双手逆向，旋转速度一致，关键是两肘关节在空中的位置不能改变，这样练习效果很好。注意把手臂肌肉包括小手臂和手指全部收紧，保持手臂的力度，身体也要收紧，保持纹丝不动的状态。手指无论什么状态下都一定要给人有无限延伸的状态，证明手指也跟着身体收紧到位了。

3. 腿部动作

腿部动作很重要，进退之间、前踢后抬、跳跃都会让激情显现。首先是压腿，有几点注意：压腿时用力不能过猛，动作宜缓慢，一般每次 3~5 分钟即可，压腿之后最好做一些踢腿练习来放松调整。腿部练习包括叉腿下蹲练习，背部保持直立，分腿套路练习，包括臀部前后。腿部练习的大忌是两腿并得太拢韧带没打开，再就是腿部肌肉没有收紧，以致动作软绵绵的，没有力量。

胸腰臀训练时一定要注意：圆周律动的时候自己每个姿势的正确性！前左后右 4 个点是不是都尽力达到了最佳？还是漏了哪个点，没做成正圆而是椭圆，连接起来的时候觉得很奇怪？这些问题都要自己对着镜子反复推敲并与老师沟通。要强调对臀部的控制，将所有注意力都集中到臀部，用大腿肌肉控制臀部，加上用相反的力量去对动作产生爆点作用。胸部的律动也会有一定的帮助。

（二）胸部和胯部力量动作训练

1. 胸部动作练习

首先站好，胸部按照前左后右 4 个方向移动，做到只有胸动，然后再按这 4 个点转圈，连起来加快速度就成了绕圈。详细说就是从前胸开始，用力把胸挺出去，可以想象胸不要去碰前面的东西，注意身体不要跟着一起向前。胸部向后（含胸），就是把胸缩到不能再缩，可以想象胸前有一个拳头，要向后躲，记住身体不要跟着移动。向左右动胸最简单的方法就是：初学者可以把双手打开连动胳膊左右伸直。用平行的手臂带动胸部左右动，身体不要随着动，想象身体和胸是分开的。向左动胸就想象去左面够东西。向右动胸就是想象向右够东西。多练习，就会运用自如。然后，就可以按照前左后右的顺序用胸画圈，到这里转胸就完成了。左转会了，就反方向右转。

2. 腰部力量的训练

可以从练仰卧起坐和呼啦圈做起，然后在练习律动的基础上加前倾、左倾、后倾、右倾 4 个方向。动作幅度要大，主要是练习左右两侧的力量。若不会律动，就在马步的基础上练习，跟着音乐的节奏 4 个方向有顺序地锻炼。腿不能弯曲，腰的动作幅度要大，动作做到位后，初次练习者的腰部尤其是左右会很累，要坚持。另外，可以多练习下腰，练习腰部柔软度。

3. 爵士舞的扭胯训练

首先要学会向前左后右 4 个方向出胯。站稳，腰挺起来，前就是将胯有力地往前顶，后就是把臀部往后撅，左和右就是将胯往左右顶出去。出胯的顺序应该是：前、左、后、右。先慢慢地 4 个方向一个八拍，再逐渐加快，然后是一个拍一个方向，将前左后右 4 个点用胯部连接起来就可以了，坚持每天锻炼很快就会有所提高。

（三）头肩部分训练

1. 头部训练

方向分为前后左右 4 个部分，头部所有律动一定要做到自己力所能及范围内的最大幅度。前的时候（就是点头）尽量让下巴碰到锁骨，后的时候就是让头仰成和天花板一条平行线，左的时候让头尽量点到肩膀，右同理。头部力量训练一定要彻底把头发全部甩起来，并且定点要干净利落，神清气爽，不拖泥带水。通过前左后右，前右后左的训练，最后放松地让头部转圈，方向同前。练习的时候可以播放节奏感强的音乐。

2. 肩部训练

将肩部的动作分为 4 个位置，上、前、下、后每个位置都为自己能力范围的极限位置。身体放松，脚与肩宽站立，刚开始练习时 4 拍一个周期。1 时左肩向上顶，右肩下压，此时胸部为自然状态，不前挺也不后含；2 时双肩向后，此时会自然向前挺胸；3 时上提右肩，下压左肩，胸部为自然状态；4 时双肩同时向前，含胸。同样，相反方向时，1 时右肩上顶，左肩下压；2 时双肩向后，挺胸；3 时左肩上顶右肩下压；4 时双肩向前，含胸。每个动作幅度要做到最大，刚开始可能会觉得有些别扭，练习熟了以后就会将动作做得非常连贯，一拍就可以完成。不过即使熟练以后，也要将每个位置做得清楚而且幅度要足够，这样才能起到锻炼的效果。

四、如何跳好爵士舞

1. 理解音乐

对舞蹈的悟性和更深入的理解，也就是说，听到音乐后所有的感情器官都要投入进去的那种状态和气质，开心、舒缓、激昂、冷酷、可爱、性感、傲气、温情、潇洒、梦幻……所有与此音乐相关的词组要立马筛选出来融入自己的感官，每段音乐的感觉都是不一样的，一定要跳出不一样的感觉，切忌千篇一律。有歌词的话尽量明白歌者想表达的意思和境界。舞蹈确实需要思和品才能有质的变化，也许某个瞬间立马就有新的感觉。

2. 表达音乐

音乐的表达有 3 个必备因素：头脑、身体、表情。头脑就是一定要有自己的想法，包括对音乐的理解，这是胜过其他人最基本的利器。身体就是控制节奏的最佳武器，基本功加自己独创的身体语言去踩那些让人意想不到的节奏就足够表达了。表情是最直观的感染工具，要懂得控制表情，通过表情传递情感。

3. 提升音乐

这个境界比较高，比前两点更难做到：要有足够的自信去引领和带动观众进入自己的音乐世界，相信能就一定能！

任务二 爵士舞练习

一、第一节

（1）解放身体训练，放松与呼吸。
（2）身体柔韧度练习，打开、收缩和放松练习。
（3）舞蹈动作练习。
（4）舞蹈连续性练习，加音乐伴奏。
教学要求：要求学生掌握身体的呼吸"点"和放松时身体的感觉。

二、第二节

（1）解放身体训练。
（2）身体柔韧度练习。
（3）舞蹈动作练习。
（4）舞蹈连续性练习，加音乐伴奏。
教学要求：
（1）要求学生掌握在地面上时脚与地面的关系。
（2）要求学生掌握在地面时扭头、甩头。

三、第三节

（1）解放身体训练：头部放松运动，脖子放松律动，肩部放松，胸部画圆，腰部胯部练习，大腿小腿柔韧度练习。
（2）身体柔韧度练习：柔韧度加身体协调性练习。
（3）舞蹈动作练习：首先学习一个八拍的舞蹈，学会后将动作标准化，再进入下一步的学习，循序渐进，每天学习5个八拍。
（4）舞蹈连续性练习，加音乐伴奏：动作熟练后跟着音乐，连续跳练，将舞蹈感觉融入，再次纠正舞蹈动作。

四、第四节

（1）解放身体训练。
（2）身体柔韧度练习：胸部律动上与下的练习，提胯、甩胯的练习，腰部八字画圆的学习。

（3）舞蹈动作练习：复习前三节所学的舞蹈爵士舞《雨中》。老师先跳一遍，接着，带学生走一遍。然后，学生自己走一遍，老师纠正错误。老师再将舞蹈场景叙述给学生，告诉学生应该用什么感情跳这段舞，让学生找思路，放音乐自己练，之后一起跳。

（4）舞蹈连续性练习，加音乐伴奏：动作熟练后跟着音乐，连续跳练，将舞蹈感觉融入，再次纠正舞蹈动作。

五、第五节

（1）解放身体训练：头部放松运动，脖子放松律动，肩部放松，胸部画圆，腰部胯部练习，大腿小腿柔韧度练习。

（2）身体柔韧度练习。

（3）舞蹈动作练习：分组练习，让学生自由分组，3人、5人、6人或10人一组，加音乐跳，其余的人观看，可以表扬，也可以指出毛病。

（4）舞蹈连续性练习，加音乐伴奏：观看后，再一起连续练习，将舞蹈感觉融入，再次纠正舞蹈动作。

模块二　民族舞蹈

 具体任务

- 了解傣族舞的技巧。
- 能结合基本手位，完成地面手位组合。

任务一　傣族舞

傣族舞是傣族最古老的民间舞。傣族舞蹈种类繁多，形式多样，流行面也很广，并各有特点，代表性节目总的可分为自娱性、表演性、祭祀性3大类。

一、傣族舞蹈的基本特点

1. 力量

很多人提起傣族舞蹈会觉得动作婀娜多姿、节奏平缓，但其实傣族舞蹈是外柔内刚的，它充满着内在的力量。

2. 灵活

篾帽舞，不但潇洒轻盈，而且灵活、矫健、敏捷。

3. 变化

在一些傣族舞蹈的表演中，节奏时而缓慢单一，时而快速多变；动作时而舒展，时而跳跃；感情时而含蓄，时而狂放。

4. 造型

傣族舞蹈以独特的屈伸律动而形成手、脚、身体"三道湾"的造型特点，以及刚柔相济、动静结合的独特表演风格。

二、傣族舞蹈的练习方法

1. 傣族舞手势与基本位置

手势、掌式、掌式摊掌、掌式按掌、掌式托掌、平掌、领腕、掌式侧提腕、孔雀手、眼式手、嘴式手、鱼舞手、准备手、抓式手。

2. 手位

一位手（前旁后侧）、里二位手、大小二位手、三位手、大三位手、侧三位手、四位手、大四位手、五位手、小五位手、六位手、七位手、小七位手、斜七位手、一七位手、小一三位手、一三位手、一二位手、八位手。

3. 脚位

正步、丁字步、小之字步、大之字步、小八字步、大八字步、小踏步、大踏步、中踏步。

4. 动律元素

起伏动律、脆动律、颤动律。

5. 头与眼睛

头眼脆动律、头眼顺倒、头眼逆倒、蜷身逆倒。

6. 步伐练习

正步起伏步、丁字起伏步、前点起伏步、后点起伏步、旁点起伏步。

7. 手位练习

二位领腕、三位领腕、七位推按掌、四位领腕推拉手、一七位按掌、五位领腕、二位托按肘、小二位交叉按掌、七位打开成一三位领腕、五位推手。

8. 肩部练习

绕肩、柔肩、抖肩、双耸肩、单耸肩。

9. 孔雀飞练习

下穿手、前后划圆手、二位翻盖手、七位脆动律翻盖手、孔雀飞手。

10. 小跳练习

掀腿立跳、旁点步小跳与交换、前屈腿蹭跳、顿错步后屈腿小跳、前点步小跳、下穿四位飞翔手旁点小跳、交叉跺步转、错步七位嘴式推掌、跺步前勾点小跳、蹭跺步后屈腿。

11. 手位与步伐练习

平行步推拉手、抬后屈腿四位领腕手、旁勾点步—七位推拉手、双晃三位望月手前点步、前点步辗转、前勾点步二位揉手。

拓展阅读 傣族舞相关技巧

"三道弯"是傣族舞蹈的特点造型,也是傣族舞蹈中的基本体态,无论是单脚重心旋转还是双脚重心旋转,无论舞姿如何变化都是在"三道弯"的体态中形成的。跳跃技巧多展现在男子舞蹈中,如象脚鼓舞粗犷、彪悍、动作节奏性强,手的敲打与腿的踢踏并用,加上胸部的收缩,肩的耸动形成了自己特殊的跳跃技巧风格,充满了阳刚之美。旋转类技术技巧如下:

一、原地盖脚点转

1. 双平展翅盖脚点转

动作要求:整个自转过程中上身舞姿保持不变,视线在左手、头不扭方向,并在稍稍给出的后腰中用头顶主动带动旋转。主力腿的轴心要坚定,膝部的弯曲角度要固定,以保持旋转的平稳性。

2. 低展翅舞姿盖脚点转

动作要求:整个自转过程中上身舞姿保持不变,视线始终在左手,头不扭方向,并始终挑左肋、下右旁腰,用左肩主动带动旋转。主力腿的轴心要坚定,膝部的弯曲角度要固定,以保持转的稳定性。

3. 双合翅交叉舞姿盖脚点转

动作要求:整个自转过程中,眼睛始终看上方,挑胸仰头,旋转过程不扭头,保持舞姿状态完成旋转。主力腿与高挑的左肋形成旋转的轴心,所有的发力要坚决围绕轴心运动。膝部的弯曲角度要固定,以保持旋转的平稳。主力腿的方向要清楚,用同步转动的肩和点地脚控制旋转的方向。

4. 斜展翅舞姿盖脚点转

动作要求：整个自转过程中，上身舞姿保持不变，视线在右手、头不扭方向，打开的右肩和展开的右臂主动带动旋转，下面的手位离身体不宜过远，过远会影响旋转的速度和舞姿的线条，主力腿的轴心要坚定，膝部的弯曲角度要固定，保持旋转的平稳流畅。

二、单腿中心舞姿转

1. 低展翅舞姿起后退转

动作要求：上步退地重心完全移动到左脚，经过半蹲推地起半脚尖，同时低展翅舞姿形成。眼睛始终顺左肩看出，重拍右肩对8点的同时视线已到4点，在继续转到8点结束。整个过程保持挑左胸腰和下左旁腰。

2. 双抱翅舞姿回身单立转

动作要求：推地起转，左肩到7点呈舞姿，转完1~2圈后停在7点。整个过程由左腿和右手带动，始终保持住左旁腰，视线看左手、头顶顺圈而动，身体在回卷的状态中完成整个旋转，直到停住舞姿仍要保持住腰部的体态。

3. 顺展翅旁腿舞姿立转

动作要求：旋转的过程中强调上顶下踩的力量，用于稳定重心，保持旋转的平稳。同时在打开的舞姿上不但有旁腰，而且要向后下一点胸腰，眼睛顺左手的外侧向远看去，形成回卷的体态。

4. 侧展翅后腿舞姿立转

动作要求：上步推地重心完全移动到左脚，经过半蹲推地起半脚尖，同时侧展翅舞姿形成。眼睛始终顺左肩看出，重拍在左肩经过8点的时候，保持舞姿转到身体对1点结束，整个过程保持挑左胸腰和下左旁腰。

5. 侧展翅后腿舞姿回身转

动作要求：推地起转，右肩到3点呈舞姿，转完1~2圈后停在3点，整个过程由右脚和右手带动，始终保持住右旁腰，视线看右手。

6. 顺展翅旁腿蹲跳转

动作要求：从1点发力，重拍始终落在右肩上，左脚左手是转的动力，右肩是转的加力，右脚控制住中心点，始终保持在一个点蹲跳。

三、移动旋转

1. 平展翅舞姿平转

动作要求：平脚平转向8点斜线移动。重拍落在右肩，右肩对8点时，强调平稳流畅，不扭头，眼睛始终顺左肩斜上方看出。体态保持挑左肋，下右旁腰，用左胸发力，右手在右脚上步的同时发力。

2. 低展翅舞姿加旁腰移动转

动作要求：平脚平转强调平稳流畅，重拍落在右臂到7点方向，身体保持下右旁腰挑左胸，不留头，眼睛总是顺着左肩斜上方看出。

3. 上穿手到双合翅交叉手舞姿

动作要求：整个移动旋转过程中，上身始终保持直立状态，只右手臂做变化，视线顺左肩看出，双平翅时要留头甩头。双交叉合展翅时，固定住头部位置，不扭头甩头，用眼睛的余光找方向，脚下移动步子要均匀，要保持转的平稳性，手臂动作要柔和，上穿手时要经过开肘、贴身提腕到脑袋后面，形成交叉双合翅。

4. 平转掌舞姿跪转

动作要求：下肢动作的重心移动和膝盖替换要连贯流畅，身体保持平稳，眼睛始终看向前进方向，直立旋转时，固定腰部，身体不动，只进行手位动作变化，而加旁腰舞姿转时，头顺穿出的手臂运动，头部的转动带上旋的律动。

四、复合舞旋转

1. 掏手斜展翅舞姿仰胸转

动作要求：无论是盖手和掏手，运动过程中身体始终跟随左手，并稍下左旁腰，呈高展翅舞姿后，眼睛向上看左手仰胸下右旁后腰，头不扭方向，但发力重点仍在1点。由于加入了后腰，旋转时的重心有部分力量放到了动力脚。

2. 平展翅到双合翅交叉立身旋转

动作要求：整个自转过程中，上身的舞姿保持不变，视现在左手，头不扭方向，并在稍稍给出的后腰中用头顶主动带动旋转，主力腿的轴心要坚定，膝部的弯曲角度要固定，以保持转的平稳性，舞姿到舞姿的转换要流畅，手臂动作要柔和。

3. 仰身绕手变回蜷舞姿转

动作要求：打开双平展翅的舞姿旋转要保持直体，眼睛看左手，渐渐过渡到三位绕手。仰胸是要多下胸腰，脸部向正上方，努力挑住颈部，而从仰身过渡到侧枕合掌，要有后腰向右旁腰的转换，头枕住合掌下右旁腰，扭身体，在过渡到蜷身转时，身体要经过含胸转化到塌腰撅臀并向左后回看。整个过程的体态变化要流畅，不留转化痕迹。

傣族的舞蹈具有较高的艺术水平、鲜明的民族风格和地方特色，舞蹈的基本特征是对当地动物的模仿，进而提高和美化，如著名的孔雀舞、鱼舞、狮舞、豹舞、蝴蝶舞、象脚鼓舞、鹿舞、鹤舞、蛇舞等。耿马等地则有长刀舞、棍棒舞等10多种，受汉族武术影响较深。《孔雀舞》是一种化妆舞蹈，演员头戴菩萨金冠，脸覆金刚面具，腰间绑上用彩纸和花布扎成的孔雀，用两手牵住孔雀的翅膀和尾巴，随着锣鼓的节奏做出各种各样的动作，颇受傣族人民喜爱，也为其他各族人民所喜爱。此外，还有独舞、双人舞、多人舞以及团体舞。"呼拉荷"是著名的团体舞，有固定的舞曲，傣族叫"甘繁"，译为舞曲。舞蹈时边舞边唱，可以按曲填词，但格律很严，每句必须是3个字，一定要押韵，所以难度较大。能够随时填词并带头舞蹈的人并不多，但是由于舞蹈动作比较简单，音乐性强，所以有广泛的群众基础。

任务二　傣族舞练习

一、主要动作及要求

拳形：大拇指伸出，其他四指成拳。

掌形：大拇指自然收拢，其他四指并指上翘。

勾踢步：大腿靠拢，双脚交替勾脚后踢，同时胯部经下弧线随重心左右摆动。后踢时，节奏为快踢慢落。

胯旁提压腕：双手拳形于身体两侧由腰间压至胯旁。

提裙手：双手兰花手，指尖朝下提于腿前，小臂微曲架起。

靠步：一腿半蹲，另一腿膝盖靠拢，小腿向旁伸出，大脚趾内侧点地。

追鱼手：（以右为例）右臂微曲，指尖朝下掌形，左手掌形，指尖朝上，虎口位于小臂处，左脚靠步。

撩水手：指尖朝下，前斜下位前腿，同时双脚蹦跳至正步位半蹲。

二、节奏

准备位置：3点方位，场外准备。体对5点，视4点斜下位，提裙手。

准备音乐：《月光下的凤尾竹》。

（散板音乐）保持准备位姿态。

（背景音乐提示犬吠）：保持准备位姿态，圆场向7点方向前进至场上。体对5点，左脚靠步，提裙手胯右靠，身体微左倾。

【项目实践】

实践内容：学生以小组为单位，进行自选舞蹈比赛。

能力要求：在完成动作的同时，能充分地展示舞台表现力。

项目八

快板曲艺

知识目标： 了解快板概述，熟练掌握快板演唱的表演技巧。

能力目标： 能体会快板曲艺文化，表达快板曲艺作品的丰富多彩，能针对某一具体旅游活动在导游词讲解中增加快板曲艺项目。

思政目标： 增强民族自信心和自豪感，培养学生热爱祖国经典曲艺的美好情操，促进文明素养的养成。

参考学时： 10学时（理论4学时，实训6学时）。

模块一　快板概述

 具体任务

- ➢ 了解快板的由来、发展及著名的表演艺术家。
- ➢ 掌握快板的形式与种类。

任务一　快板的由来与发展

一、快板的构造

大板一般由两块竹板制成，竹板形状如瓦片，内凹，外凸，外凸的板面相对，凹进去的板面向外，竹板上方平行穿两个孔，用丝线捆绑制成。用手拿着的那一块竹板，叫底板（底片），与它相连的前面的一块竹板，叫上板（上片）。

小板，也称节子板，一般由 5 块竹板构成。小板比大板尺寸规格要小，前四块竹板上方穿孔，按同一方向中间垫铜钱用丝线与另外一个竹板内凹的板面相对，捆绑制成。前四块版与第五块板之间不垫铜钱。前四块相连的板叫前板，第五快板叫后板或是底板。

二、快板艺术的演变与发展

1. 数来宝

快板最早的表演形式是"数来宝"。数来宝的发展经历了 3 个阶段：一是沿街乞讨；二是"撂地"卖艺；三是舞台演出。

据考证，数来宝由宋代贫民演唱的"莲花落"演变发展而来，也叫称顺口溜、流口辙、练子嘴等。数来宝最初由乞丐在沿街乞讨时演唱，他们擅长随编随唱，特别是为商号、店铺演唱时，经常用诙谐幽默的唱词，奉承店铺掌柜会做生意、财源广进，以此博取店主的欢心，给一些散碎银钱。正所谓一"数"就能"来"财进"宝"，因此得名"数来宝"。数来宝的伴奏乐器几经演变，曾使用过金钱板、撒拉机、牛骨、三块板等。后来普遍使用七块板，即我们上面讲到的 2 块大竹板（大板）和 5 块小竹板（节子）。

2. 快板

快板这一名称最早出现在抗战时期的革命军队中。在人民军队中，为了更好地发挥数来宝的战斗作用，战士们采用类似数来宝的形式即兴编词，唱通俗易懂、生动活泼，并具有很强的鼓舞性和战斗性的唱词。因数来宝的名称带有封建色彩，故取名"快板"。

任务二　快板的表演方式与艺术手段

一、快板的表演方式

过去艺人沿街卖艺时，经常见景生情，口头即兴编词。他们看见什么就说什么，擅长随编随唱，宣传自己的见解，抒发感情。从编、演到传唱，发展迅速。快板的表演方式主要有单口快板、对口快板、群口快板和快板书 4 种。对口快板保留了"数来宝"的原名，也有称"对口快板"的。在工厂、部队里也曾出现过三四个人演唱的"群口快板"和十几个人表演的"快板群"。有些地区根据当地语言环境还发展成使用当地方言演唱的快板，如天津快板、陕西快板、兰州快板等。

（一）小快板

小快板即通常所说的快板诗，由一个人边打板边演唱，又叫单口快板。这种快板形式最易掌握，因为它篇幅短小，形式简单，只需十句八句，或一二十句，就能迅速反映现实生活。

（二）对口快板

由甲、乙两人各数一段，交替演唱。每段句数的多少视具体情况而定，一般是偶数。它往往把若干材料连缀在一起，没有一个贯串始终的中心事件。但组织材料仍然要紧紧围绕主题，防止漫无边际、杂乱无章。

（三）群口快板

群口快板又叫快板群，参加表演的人数较多，四五个人甚至十来个人均可。演唱时有领有合，也可以分成两三个小组交替演唱。有时辅以集体造型。演员的身份一般都不固定，可以是叙述者，也可以进入角色，以作品中人物的口吻演唱。这种快板形式适于表现热烈的场面。

（四）快板书

快板书由一个人边打板边演唱，有时插入白口。它和单口快板的区别是：后者的重点不在于交代情节和刻画人物，而着重在议论、抒情，容量小，篇幅短；快板书则有完整的故事情节和人物形象，容量大，篇幅长，是一种叙事性的快板。

二、快板的艺术手段

包袱、夸张、铺陈是快板常用的艺术手段。这些艺术手段，对快板艺术特色的形成有着重要影响。

（一）包袱

快板，特别是"数来宝"，具有幽默诙谐的艺术风格，跟相声艺术一样，"包袱"是结构情节、刻画人物的重要手段。"包袱"是相声艺术的生命线，无"包袱"即不成其为相声。快板里虽也经常使用"包袱"，但有时却以情节、人物见长，"包袱"居于次要地位。

（二）夸张

快板里的夸张不仅用来组织"包袱"，而且为描写增添色彩，使之鲜明生动，有时两种作用兼而有之。

（三）铺陈

快板书以叙述为主，描写成分很多，常常运用铺陈手法进行渲染，使抽象的内容变得具体形象、鲜明、生动。

任务三　快板名家及代表作简介

一、高凤山

高凤山（1921—1993年），高派快板艺术的创始人，生于河北三河沈庄子一贫苦人家。幼时父病故，只身乞讨，流落北京，7岁为"天桥八大怪"之一，后被著名艺人曹德奎收养，学唱数来宝。7年艺成后，又拜著名相声艺人高德亮为师，学说相声，打下深厚功底。14岁开始独立卖艺，先后与马三立、朱相臣、罗荣寿、王长友、孙宝才等搭伙，在北京、天津、唐山撂地卖艺，逐渐享名。1949年参加相声改进小组，积极编演新曲目，后专攻快板书、数来宝，并与高德亮、王学义合作。晚年主要从事曲艺教学工作，并与罗荣寿合作，登台演出《卖布头》《黄鹤楼》等传统相声节目，曾任北京曲艺三团团长、北京曲艺团副团长、中国曲协理事。

他功力深厚，在继承传统技巧的基础上逐渐形成了自己的风格。他演唱的快板书，吐字清晰，语言俏皮，节奏鲜明，气势流畅，唱段紧凑，一气呵成，板槽极稳而又富于变化。在说、逗结合方面，尤有独到之处。代表作有《同仁堂》《数来宝》《诸葛亮押宝》《张羽煮海》《武松打店》《孙悟空三盗芭蕉扇》《黑姑娘》《闯王斩堂弟》等。其著名弟子有石富宽、崔琦、梁厚民等人。

二、王凤山

王凤山（1916—1992年），王派快板艺术的创始人，北京人。自幼家境贫寒，7岁开始从艺数来宝的演唱，16岁拜师老艺人海凤，在天桥撂地演出。在此期间，与赵玉贵、罗荣寿、汤金澄等人搭伙演出，后辗转济南、张家口、南京、武汉等地。

1955年9月参加天津曲艺团。其以快板艺术享誉曲坛，创立王派快板艺术。他的快板轻巧明快、节奏强烈；板起板落半说半唱，快而不乱，慢而不断，缓而不散；表演潇洒自然，从容大方；讲求"气口"的运用，使流畅生动；台风严谨踏实。他创造性地把"竹板书"老艺人关顺贵、关顺鹏的"黑红板"运用于数来宝演唱中，取得很好的效果。他演唱的故事以抒情为主，曲折紧张的情节和幽默风趣的笑料独具魅力，代表曲目有《张羽煮海》《双锁山》《绕口令》《百山图》等。其相声艺术师承有"大面包"之称的朱阔泉，与李宝麒、侯宝林、王宝童、马志明为师兄弟。晚年为马三立捧哏，其捧哏冷静内蕴、憨厚幽默、沉稳又致、文雅洒脱，铺平垫稳恰到好处，代表作有《十点钟开始》《买猴》《卖挂票》《算卦》《情绪与健康》等。其弟子有何德利等人。

三、李润杰

李润杰（1917—1990年），李派快板艺术、快板书的创始人和奠基人，原名李玉魁，天津武清大桃园村人，幼年家贫，7岁时学过评戏小生及吹打乐器。14岁到天津当童工，学绱鞋。4年后出师，被日本侵略者抓到东北当劳工，后因工伤无法劳动，流落街头以乞讨为生。在行乞中学会了数来宝、变戏法，后拜段荣华、焦少海为师，学说评书、相声，加上"数来宝"，一人兼通三艺。曾在沈阳、唐山、天津等地卖艺。1949年天津解放后，即自编小段，配合中心任务宣传。次年去西安，撂地演出相声、数来宝、太平歌词等。抗美援朝期间曾私人义演募款捐献飞机大炮，并为北方广大灾民募捐寒衣，获西北文化部颁发的进步艺人奖状。1952年赴抗美援朝前线演出。1953年参加天津广播曲艺团，后转入天津市曲艺团，专门从事快板演唱。他积极致力于快板书艺术的革新，吸收、融化了山东快书、相声和评书以及话剧艺术的某些优长，对于旧的数来宝演唱形式，从打板技巧、语言句式、表演风格等进行了多方面的改革创新，创立了快板书这一新的曲艺品种。快板书的主要特点：板点丰富多变，句式灵活自然，讲究语气，注重表演。因而能够鲜明生动地描叙故事、刻画人物，富有艺术表现力。1956年他开始练习自编自演，在深入生活的过程中，自编自演了大量优秀的快板书节目。代表作有《劫刑车》《巧劫狱》《千锤百炼》《抗洪凯歌》《熔炉炼金刚》《王七学艺》《隐身草》等。李润杰积极参加社会活动，举办过很多讲座，并在大学讲课。曾两次赴抗美援朝前线慰问，赴广西前线慰问，到各省、市、自治区演出。1956年出席了全国文化先进工作者和全国先进生产者代表大会，曾任天津市曲艺团副团长、中国曲协常务理事、天津曲协理事、天津科普创作协会理事。其弟子有张志宽、王印权等人。

模块二　快板基本打法训练

具体任务

➤ 掌握快板大、小板的基本打法。
➤ 掌握快板混合板的打法及基本的开场板的打法。

七块板是快板演唱最为普遍的伴奏乐器，在快板的表演中，起到掌握节奏、烘托气氛的作用，因此，要想学会快板的演唱，第一步就要练习快板的基本打法。

常言道：要想学打快板儿，先学会念点儿！在学习大板之前要了解和掌握快板的基本点，并先学会念点，就如学习唱歌前先要学会识谱、唱谱一样。只有先学会念点，掌握了点的节奏与规律，才能在练习打板或正式演唱的时候判断出竹板的节奏是否正确、合理。

任务一　小板的练习

小板，又称节子，是快板演唱中的主要伴奏乐器。正确使用和掌握小板的基本点和打法，是演唱好快板的基础。初学者应先了解快板板谱的节奏和念法，如果按照音乐 $\frac{2}{4}$ 拍的技法记板谱，应为每小节两拍，两小节为一组，把每拍平均分为两部分，前半部分称其为快板的"板"，后半部分称其为"眼"，正所谓"有板有眼"。

节奏：|X　X　X　X|　|X　X　X　X|
　　　　板　眼　板　眼　　板　眼　板　眼

在拍手打节奏时，合手为板，分手为眼。

一、小板基本点的念法

在进行快板表演时，小板的基本点主要有以下 3 种：

（一）单点

单点一字一拍的念法：

念法：|嗒　嗒|嗒　嗒|
　　　　板　板　板　板
节拍：　合　合　合　合

单点两字一拍的念法：

念法：嗒嗒　嗒嗒　｜嗒嗒　嗒嗒
　　　板眼　板眼　　板眼　板眼
节拍：合分　合分　　合分　合分

（二）双点

双点的念法有以下 2 种：

1. 板上起

念法：嗒嘀咯　嗒嘀咯　｜嗒嘀咯　嗒嘀咯　｜
　　　板 眼　板 眼　　板 眼　板 眼
节拍：合 分　合 分　　合 分　合 分

2. 眼上起

念法：0 嘀咯　嗒嘀咯　｜嗒嘀咯　嗒嘀咯｜嗒 0
　　　板 眼　板 眼　　板 眼　板 眼　板
节拍：合 分　合 分　　合 分　合 分　合

（三）混合点

混合点由单点与双点组合而成，有 2 种念法。

1. 板上起

念法：嗒嘀咯 嗒嗒 ｜ 嗒嘀咯 嗒嗒 ｜ 嗒嘀咯 嗒嗒
　　　板眼 板眼　　 板眼 板眼　　 板眼 板眼
节拍：合分 合分　　 合分 合分　　 合分 合分

2. 眼上起

念法：0 嘀咯 嗒嗒｜嗒嘀咯 嗒嗒 ｜嗒嘀咯 嗒嗒
　　　板眼 板眼 板 眼 板眼　 板眼 板
节拍：合分 合分 合 分 合分　 合分 合

熟悉掌握小板 3 种点的念法，明白"板"与"眼"的关系，这是进行打小板练习的前提。在熟悉掌握小板 3 种念法后，就可上手进行小板单点的打法练习。

二、小板的正确握法

小板是由 5 块竹板组成，一般以左手握小板，食指横穿在第四块与第五块竹板之间，中指、无名指、小指顺序贴在第五块板的后面，拇指轻抚在前四块板的顶端。

要领：五指分开，手心冲下，食指上挑，手掌、手腕、手臂在一条水平行线上，手的基本高度在肚脐眼上一点。打快板时，站姿也十分重要。打快板的基本站姿为：保持身体直立，双脚丁字步站立。

三、小板的打法

小板的打法分为两种，一种为"横握"，另一种为"竖条"。在练习小板基本功时，应从"竖挑"开始练习，做单点"嗒"的练习。

1. 单点

单点的基本打法要领：手腕、手臂、肩膀保持不动，大拇指发力，推动四块板打一块板发出声音，即"4"打"1"。

念法：|嗒 0　嗒 0 | |嗒 0　嗒 0 |
　　　　板 眼　板 眼　　板 眼　板 眼
节拍：　合 分　合 分　　合 分　合 分

练习注意：在练习单点时，初学者不要追求快，练习需要慢打，口中念节拍，慢慢找到发力点，表情要自然，动作要利索，节奏要平稳，声音要瓷实，加强练习，把基本点打到熟练为主。

2. 双点

在练好单点的基础上拇指上下移动。上为"扶"，拇指扶在四块板前板的顶端，抖动手腕，发出"嗒"的声音。下为"挡"，再次抖动手腕时，拇指移动到第一块板的下半部，起控制作用，同时发出"嘀咯"的声效，连续做动作形成双点的连贯性。

（1）板上起：

念法：嗒嘀咯　嗒嘀咯 |嗒嘀咯　嗒嘀咯 |
　　　　板 眼　板 眼　　板 眼　板 眼
节拍：　合 分　合 分　　合 分　合 分

（2）眼上起：

念法：0 嘀咯　嗒嘀咯 |嗒嘀咯　嗒嘀咯 |嗒 0
　　　　板 眼　板 眼　　板 眼　板 眼　板
节拍：　合 分　合 分　　合 分　合 分　合

3. 混合点

混合点由单点与双点组合而成，有 2 种念法。

（1）板上起：

念法：嗒嘀咯　嗒嗒 | 嗒嘀咯　嗒嗒 | 嗒嘀咯　嗒嗒
　　　　板 眼　板 眼　板 眼　板 眼　板 眼　板 眼
节拍：　合 分　合 分　合 分　合 分　合 分　合 分

（2）眼上起：

念法：0 嘀咯　嗒嗒 |嗒嘀咯　嗒嗒 |嗒嘀咯　嗒嗒
　　　　板 眼　板 眼　板 眼　板 眼　板 眼　板
节拍：　合 分　合 分　合 分　合 分　合 分　合

任务二 大板的练习

大板的基本功练习分为：握法、扬与落的组合、落与挑的转换、挑与扬的转换。

一、握法

大板又叫"大䥽"，主要用于开场板和演唱中起烘托气氛的作用，能否打出正确好听的声音，握法很重要。大板分上板和底板两部分，拇指与其他四指分握底板两侧，位置略低于绳线下端，侧面朝外，手掌底部堵严底板，不留缝隙。虎口部位与底板形成开口，使掌心与底板形成音箱，保持手形不变，但要松弛。握好底板向前推动，撞击前板，发出"呱"的声音，反复练习，速度要均匀，直至达到声音好听，运用自如。

二、扬与落的组合

在上述动作的基础上，加大力度，撞击前板，小臂手腕同时上扬，用惯性将前板扬起，与底板平行。而后小臂与手腕同时下扣，使上板下落，有力地撞击底板，发出"呱"的声音，反复练习，直至声音好听。

三、握与挑的转换

在握板的动作基础上，变换手形，将拇指插入两板之音，绳线搭在拇指上形成挑，四指轻弹底板，使之撞击前板，发出"台"的声音，类似小罗的音效。

四、挑与扬的转换

在挑板动作的基础上，四指用力地弹动底板，撞击前板，发出"台"的音效，同时前板随着惯性自然扬起，手形自然换成"扬"的动作，然后接"落"板动作。

多多练习以上几组基本动作，将其连接起来直至自如，就可做大、小板的合成练习。

任务三 大小板合成及开场板的练习

一、大小板的合成练习

快板的击节伴奏是由大板和小板共同完成的。大板和小板各司其职、相互配合、同步协调，能击打出优美、动听的节奏。因此，在熟悉大小板练习的前提下，进行大小板合成练习时，板点要清晰，节奏要平稳，动作要协调。大小板合成练习的打法有以下 3 种，请根据以下单重大小板合成的打法进行大小板合成练习。

（一）合成单点

基本打法：小板打两下，板、眼各打一下；大板打一下，打在板上。

```
节奏  X X  X X | X X  X X | X X  X X | X  X  0 |
小板  嗒 嗒 嗒 嗒 | 嗒 嗒 嗒 嗒 | 嗒 嗒 嗒 嗒 | 嗒 嗒 嗒 0 |
大板  呱 0  呱 0 | 呱 0  呱 0 | 呱 0  呱 0 | 呱 0  呱 0 |
念法  呱 嘀 呱 嘀 | 呱 嘀 呱 嘀 | 呱 嘀 呱 嘀 | 呱 嘀 呱 嘀 |
```

（二）基本点

```
节奏  X X X  X X | X X X  X X | X X X  X X | X  X  0 |
小板  嗒嘀咯 嘀 咯 | 嘀嘀 嗒 嘀 | 嗒嘀咯 嘀 咯 | 嘀嘀 嗒 0 |
大板  呱 0 0 0 呱 | 0 0 呱 0 | 呱 0 0 0 呱 | 0 0 呱 0 |
念法  呱嘀咯 嘀 呱 | 嘀嘀 呱 嘀 | 呱嘀咯 嘀 呱 | 嘀嘀 呱 0 |
```

（三）小锣点

```
节奏  X X  X X | X X  X X | X X  X X | X X  X 0 |
小板  嗒嗒 嗒嗒 | 嗒嗒 嗒嗒 | 嗒嗒 嗒嗒 | 嗒嗒 嗒 0 |
大板  哒哒 0 哒 | 0 哒 0 哒 | 哒哒 0 哒 | 0 哒 哒 0 |
念法  台台 起台 | 起台 台起 | 台台 起台 | 起台 台 0 |
```

二、开场板的练习

开场板是在快板正式演唱前，用七块板打出的一整套板点，起到吸引观众注意力和静场的作用。同时，也像歌曲的前奏一样，对即将演唱的节目起到铺垫作用，也体现出快板本身的基本节奏。在熟练完成以上大小板合成练习后，可以开始练习一种最简便实用的开场板。开场板实际上就是把大小板合成的几个半点综合到一起的打法。

```
节奏  X 0  X 0 | X  X X  X | X X  X X | X X X  X  X | X X  X X |
小板  嗒 0 嗒 0 | 嗒 嘀 嗒 嘀 | 嗒嘀 嗒嘀 | 嗒嘀咯 嘀 嗒 | 嘀嘀 嗒嘀 |
大板   0   0  | 呱 0 呱 0 | 呱 0 呱 0 | 呱 0 呱 0 呱 | 0  呱 0  |
念法  嗒  嗒  | 呱嘀 呱嘀 | 呱嘀 呱嘀 | 呱嘀咯 嘀呱 | 嘀嘀 呱嘀 |

节奏  X X X  X X | X X  X X | X X  X X | X X  X X |
小板  嗒嘀咯 嘀嗒 | 嘀 嘀 嗒 嗒 | 嗒 嗒 嗒嗒 | 嗒嗒 嗒嗒 |
大板  呱 0  呱 0 | 0   呱 0  | 哒哒 0 哒 | 0 哒 哒 0 |
念法  呱嘀咯 嘀呱 | 嘀嘀 呱 嘀 | 台 台 起台 | 起台 台 起 |
节奏  X X X  X X | X X  X X | X X  X X | X X  X X |
```

小板	嗒嘀咯	嘀嗒	嘀嘀	嗒嘀	嗒嗒	嗒嗒	嗒嗒	嗒嗒
大板	呱 0	呱 0	0	呱 0	呔呔	0 呔	0 呔	呔 0
念法	呱嘀咯	嘀呱	嘀嘀	呱嘀	台台	起台	起台	台起

节奏	××× × ×	× × × ×	××× × ×	× × × ×
小板	嗒嘀咯 嘀 嗒	嘀 嘀 嗒 嘀	嗒嘀咯 嘀 嗒	嘀嘀 嗒嘀
大板	呱 0 呱 0	0 呱 0	呱 0 呱 0	0 呱 0
念法	呱嘀咯 嘀 呱	嘀 嘀 呱 嘀	呱嘀咯 嘀 呱	嘀嘀 呱嘀

以上是最基本的一种开场板的打法，对于初学者来说较为简便实用。另外，开场板里还有一些板点，如马蹄点，滚版等，在此不做详细介绍。学习快板时可以根据自己的水平和喜好，自我设计板点，但应始终遵循快板一小节两拍、两小节一组的基本节奏。

模块三　快板的板式及表演

> **具体任务**
>
> ➢ 掌握快板的基本集中板式。
> ➢ 在导游词讲解中巧妙添加快板的表演。

任务一　快板的板式和运用

掌握了快板的基本打法，仅仅是快板表演的第一步，如何把文字的唱词通过演员的演唱，并结合快板在舞台上展示出来，就要学习专业的技巧——板式。

一、板式的概念

板式是指演唱快板时在节奏控制的前提下，必须遵循对台词节奏处理的方法和丰富演唱专门设计的节奏技巧，简单来说，板式就是对唱词的节奏处理。如：

中国 人民 解放 军 0
板眼 板眼 板眼 板眼
合分 合分 合分 合分

保卫 祖国 立功 勋 0
板眼 板眼 板眼 板眼
合分 合分 合分 合分

这是标准的七字单尾句，演唱时板起板落。即第一个字——"中"及"保"在板上起唱，最后一个字——"军"及"勋"必须也要落在板上。

二、板式的种类及演唱方法

演唱快板的基本节奏是两字一拍，一字半拍，前半拍为"板"，后半拍为"眼"。符号"—"为节拍线一拍。"0"为空拍。下面介绍几种基本板式：

（一）基本板式

1. 顶板

唱词的第一个字在前半拍起唱，也就是"板上起"，拍手打节奏应为"合"时演唱。这是快板延长中最容易掌握的板式，开始学习快板者应从此练起，循序渐进。如：

中国 人民 解放 军 0
保卫 祖国 立功 勋 0

2. 闪板

唱词的第一个字让过前半拍，在后半拍起唱，俗称"眼上起"。拍手打节奏，第一个字应在分时演唱。"眼上起"是快板演唱中最常见的板式，初学者也应多多练习。如：

0 咱 中国 人民 解放 军 0
0 为 保卫 祖国 立功 勋 0

再如《诸葛亮押宝》中的前两句：

0 小 | 小的 宝盒 | 一块 铜 0 |
0 能 工巧 | 匠 0 0 把 | 它造 成 0 |

通过以上的例子可以看出，只要唱词稍做改变，除一些极个别句子，大多数唱词都可以用"顶板"唱或是"闪板"唱，这就是快板常见的处理方法，要看怎么唱更合理、更好听，更能表达唱词的内容。同时还要依据不同的作品、不同的内容，以及唱词之间的衔接来设定和安排。板式的设计并不是随心所欲、无章可循的，必须要符合人们说话的规律和演唱的节奏，还要与台词的内容和感情抒发相吻合。需要强调的是，每句台词无论是板上起还是眼上起，尾字最终必须落在板上。

3. 抢板

为了使节奏更加紧凑连贯，也为了避免连续使用顶板和闪板，演唱时将后半拍起唱的句头与前一句句尾甩下的后半拍连起来，两句唱词之间不留奏（过门），正所谓"句头咬句尾"。如：

原唱：

中国 人民｜解放 军 0｜
保卫 祖国｜立功 勋 0｜

抢板唱：

中国 人民｜解放 军为｜
保卫 祖国｜立功 勋 0｜

以上例子可以看出，在第二句唱词的前面，加了一个"为"字，才能将"顶板"唱的句子改为"抢板"唱。我们把在句头加的字称为"衬字"。

再如《诸葛亮押宝》中的两句唱词：

原唱：

哥俩 迈步｜朝前 走 0｜
携手 揽腕｜进宝 棚 0｜

抢板唱：

哥俩 迈步｜朝前 走他们｜
携手 揽腕｜进宝 棚 0｜

抢板有的时候是作者在作品创作的同时设计出来的，但更多的是演员在二度创作时，在两句唱词中间加上衬字而形成的演唱方法。"衬字"可以是两个字，也可以是一个字，但要根据不同的唱词选择恰当的衬字，做到恰到好处。切不可乱加衬字，也不可能不顾唱词内容，随便加上"这个""那个"反复使用，让观众感觉言语贫乏，适得其反。"衬字"为的是增加唱词的连贯性，将"顶板"唱的唱词，改为"抢板"唱。

4. 赶板

赶板俗称"俏口"，在保持原节拍速度不变的同时，将唱词中的其中几个字加快一倍的速度演唱，或是将快板的基本节奏凑成两字一拍改为三字一拍，增加台词的字数密度。如：

中国 人民｜解放 军 0｜
保卫咱们 祖国｜立功 勋 0｜

再加《诸葛亮押宝》中：

哥俩 迈步｜朝前 走 0｜
携手 揽腕｜进宝 棚 0｜

需要指出的是，"赶板"与"抢板"一样，有的是作者设计出来的，有的是演员在原有唱词中加上一两个"嵌字"变幻出来的，为的是演唱时连贯、紧凑、俏皮。使用"赶板"要恰到好处，不可乱用。在表现庄重而严肃的内容时，不宜用"赶板"（俏口）演唱。

（二）快板作品的板式设计

板式是为快板作品服务的，也是为快板演唱服务的。在熟练掌握各种板式以后，我们就可以在表演中灵活运用、巧妙设计，为快板作品设计出最恰当的板式。

1. 分析作品

在设计板式前，首先要对作品进行深入的分析，弄清楚作品的故事背景、情节脉络、人物关系和性格特征，用什么样的语音、声调来塑造不同的人物等。同时，还要揣摩作者的心理，明白作者想要表达的中心思想。也就是他为什么这么写？想要达到的艺术效果？怎样演唱才能准确表词意，才能更好地渲染气氛，以达到感染观众的最佳效果？只有对作品进行了透彻的分析，才能设计出更适合这一作品演唱的板式。当然，不同类型的作品风格各异，必须整体把握，要有不同的处理方向。

2. 板式设计

在设计板式时，首先要考虑的是作品的题材与内容。因为快板的题材宽泛、风格有别、内容丰富、人物不同、情景各异，所以一定从内容出发，以感情为基础，准确恰当地设计板式。其次还要考虑上句唱词的板式，与这句唱词板式设计的连接是否合理，以及与下句唱词板式设计是否得当。要以内容与形式统一为前提，做到唱打多变，切不可一味追求技巧，以致适得其反、哗众取宠。

初学的板友在设计板式时，很容易按照自己的喜好，置内容而不顾，偏离感情基础，一味追求表面效果。如大家都熟悉的崔琦先生创作的《天安门广场看升旗》，这是一段题材重大、庄重严肃的作品，特别是第一句唱词"天安门广场多壮丽"的板式设计，它是给整个作品定调子打基础，而有人却在演唱时加了一个字，设计成"O 天 安 门 广场 多么壮 丽 O"。看似简单的一个字，把普通的板式改为"赶板"（俏口），使整句唱词显得轻飘，冲淡了崇敬之意，是不可取的。

因此，初学者在设计板式时，划好节拍线之后，最好找老师请教一下，验证板式设计是否合适，然后再背词，这样能够较好地完成作品。对初学者来说，也是一次学习进步的机会，从而少走弯路，以免词都背会了，再想改过来还需要时间和精力。

3. 逻辑重音

逻辑重音是指每句唱词中根据语言含义需要以重音突出表现的词和字。每句唱词都是一种意思的表达，同样一句话以不同的重音表述，就会传达不同的意思。

怎样才能找准逻辑重音呢？必须要读懂唱词所要表达的确切含义和言外之意，即潜台词。其实我们平常说话聊天没有刻意追求逻辑重音，却都能准确地表达词意，那是因为在特定的场景下有相应的情绪，语言的表达也简单。如果换成书面语言，把重音放在不同的字上，词意的表达就不太一样了。如：

这书是张三送我的。

把逻辑重音放在"这"字上。意思是：只有这本书是张三送的；潜台词是：那些书不是他送的。

这书是张三送我的。

把逻辑重音放在"书"字上。意思是：书是张三送的；潜台词是：本和笔不是他送的。

这书是张三送我的。

把逻辑重音放在"是"字上，是肯定的一种回答。

这书是张三送我的。

把逻辑重音放在"张三"上。意思是：是张三给我的；潜台词是：不是李四给我的。

这书是张三送我的。

把逻辑重音放在"送"上。意思是：是张三送给我的；潜台词是：不是我借的。

这书是张三送我的。

把逻辑重音放在"我的"上，意思是：送给我的；潜台词是：不是给你的。

通过以上分析可以看出，逻辑重音在快板表演中非常重要。因为它是确切表达语言含义的唯一手段。如果选择错误，所要表达的意思就不准确。

有些初学者对逻辑重音不够重视，而是一味地追求对派别的模仿，以致破坏唱词的意境。再如《天安门广场看升旗》，第二句的唱词是"长安大街贯东西"。这句唱词的逻辑重音应该是"东西"。"东西"一词有双重意思，正确发音是第一声 dong xi，意思是方向。若把"西"字读成下沉音，意思是指小的物件。有的演员简单地理解快板书演唱的发音特点是"下沉音"，结果把表示方向的"dong xi"的"西"字读成了下沉音，那就大错特错了。

任务二　快板的演唱

大家都知道，快板属于语言类艺术，可为什么又称其为"唱"快板呢?那是因为快板这种艺术形式，说中有唱，唱中有说。它与相声、评书不用任何伴奏以说为主不同，又有别于鼓曲必须以音乐伴奏以唱为主。快板是在有节奏控制下的有板有眼、合辙押韵，带有音乐性的说唱艺术。快板的音乐性体现在它独有的前味和在演唱时横竖嗓音的运用，即高矮音的转换（类似于声乐演员真假声的变化）。快板的说又是在节奏的绝对控制下，接近于口语化的表演中完成的。用一句话来表述快板，那就是"有节奏地说、有韵味地唱"。所以声音洪亮、吐字清晰、气息平稳、韵味十足，是做快板演员的基本条件。因此，要做好声、字、韵、气的基本功训练，以及对节奏的掌控能力。

一、声

人与人的嗓音条件不同，但声音的训练大体相同，可参照戏曲演员"依"和"啊"的练声方法。因为"依"的发声是竖音，"啊"的发声是横音，正好练习快板演员需要的横竖嗓音。练习时，将"依"字从低到高反复练习，找到适合自己的高音。练习"啊"时，从高到低感觉音量最大且舒服为最佳发音位置，反复练习。然后找一两句台词，按照适合自己的高矮音进行练习。

二、字

吐字清晰、口齿伶俐是快板演员的基本要求，为使发音准确，要找准唇、齿、舌、喉的发音部位，可参照戏曲演员在唱吃时"五音四呼"的吐字发音的规范来练习。有些外地演员对"儿化韵"理解错误，习惯地认为"儿化韵"都是用在词组的最后一个字上。比如：上班儿、拔尖儿、扎堆儿、聊天儿、公园儿、门口儿、旁边儿、通弯儿。其实不然，有的"儿化韵"是用在词组的前一个字后，比如：馅儿饼、猫儿腻。这些对外地朋友来说比较陌生，应该多问、多听、多记。

三、韵

这里讲的韵并非"辙韵"之"韵"，而是快板演唱的特殊韵味。快板包括数来宝、快板、快板书 3 种不同的文本和演唱方法，体现出 3 种不同的韵味：数来宝要的是味儿，快板唱的是劲儿，快板书说的是事儿。

1. 数来宝要的是味儿

数来宝一般采用花像对的、同声句组的写作方法。也就是说，数来宝不是一辙到底，而是两句变辙、下句置着上句走的对的句组。需要强调的是，不但要合微还要同声，上句的尾字是第三声。例子：于连贵创作的数来宝《姐儿俩聊天》：

- 甲：今天和大伙见着了面儿
    咱们准备演唱哪一段儿
  乙：依我看。不唱快板换新篇儿
    咱姐俩在这儿聊聊天儿
  甲：不是我说你俗
    哪壶不开提哪壶
  乙：怎么了？
  甲：我这个人的脾气蔫儿

　　　　最不喜欢闲聊天
　　　　什么东家长西家短
　　　　三只蛤蟆五只眼
　　乙：嗐！

2. 快板唱的是劲儿

　　这里讲的劲儿并非扯着嗓子使大劲儿的劲儿，而是演唱快板的劲道和韵味。快板的写作题材广泛、手法多样，它不像数来宝那样采用花辙、对韵句组，而是一辙到底或是段落性换辙，押韵的方法与快板书一样为上仄下平（在后面"快板的创作"章节中有详细说明），但不像快板书那样以讲故事、塑造人物为主，而是说一件事、讲一个理，反映社会上的某种现象。当然，有的快板作品也有人、有事。事也只是故事梗概，不去着重描写曲折的故事，也不着重挖掘人物内心的情感，而是复述一件事情都有哪些人物，他们都在做什么。直截了当，就事论事，它的写作风格类似于散文。

　　那么快板靠什么来吸引观众呢？作品要靠生动形象的词句、深刻准确的语言，演唱要靠流畅的表演、丰富的板式、高亢的嗓音、清脆的吐字、技巧的运用、演唱的连贯。这就是快板的劲儿。如大家熟悉的《玲珑塔绕口令》。也有的快板作品为了教育人、启发人，把众多的历史人物和事例罗列在一起，描述人生哲理。如常智先生的作品《忍字歌》：

　　和谐社会泛春潮
　　做人能忍忍为高
　　不忍怎么能够和谐的了
　　忍是道德，忍是情操
　　退一步海阔天空是大道
　　让三分前程似锦云雾消
　　我说的这话您要不信
　　听我把几位古人聊一聊
　　姜太公能忍把鱼钓
　　八十八岁保周朝
　　韩信能忍胯下辱
　　登坛拜将把名标
　　张良能忍桥头进履太公兵法才得到
　　做了帝王之师辅佐刘邦兴汉朝
　　吕蒙正能忍身为宰相保大宋
　　也曾经九年赶斋住破窑
　　这些人宽宏大量不急又不躁
　　前程都从忍上熬

还有的快板作品把现实社会的众多现象编织在一起，针砭时弊、深刻揭露、引起共鸣，如张文甫先生的《愁》：

俗话说，人无远虑，必有近忧
人活着肯定犯过愁
其实还不光人有愁
世间万物都会愁
我说这话您不懂
您听我一五一个说从头
天愁空气速污染
地愁沙漠变荒丘
山愁森林着大火
水愁变成"龙须沟"
动物愁，生存的环境遭破坏
植物愁，生长赶不上人索求
反过来说，人活在世上也不易
有些事不容您不愁
说穷也愁、富也愁
穷愁、富愁有分由
究愁愁的是钱不够
富愁钱多被人偷
老人愁，孤独独住无人问
青年愁，挫折面前志难酬
丈夫愁，媳妇管钱把得紧
媳妇愁，丈夫外边去泡妞（儿）

综上所述，快板的内容和创作手法多种多样，有的用华丽的词句，有的用朴实的语言，有的一针见血，有的赋予哲理。演员要熟读作品，揣摩作者创作的初衷以及想要达到的教育意义、现实意义及艺术效果，运用自己所掌握的板式技巧，通过二度创作使作品更富有感染力，这就是演唱快板的劲道和味儿。

3. 快板书说的是事儿

快板书的演唱相对快板而言"说"的成分较多，因为人们说话聊天尾字基本上是下沉音，快板书正是运用这一规律，在竹板节奏的伴奏下讲故事，制造悬念检扣、解扣、述事抒情，更多地利用人物对话和对人物内心的描述，娓娓道来、语重声沉。如快板书《杀庙》：

夜深沉雾昭昭
烟云缭绕半山腰

碎石坟堆长野草
枯木残枝断树梢
蛤蟆吵坑夜猫子叫
野兔野猪野狼嚎
阴气森森难喘气
就好像灵魂出窍赴阴曹
谁到这个地方谁发毛

四、气

气是演员的命脉，是根本。气息运用不好就会影响吐字发音的准确，导致节奏不稳，如果不会运用气息，演唱完全靠嗓子喊，演到后面口干舌燥、声嘶力竭，更谈不上快板的韵味了。怎样才能在演唱当中合理运用气息，自然轻松地完成作品呢?这里介绍两种气息的运用技巧。

1. 紧吸慢呼

在两句唱词的间隙，将气吸足，用时随着唱词点一点呼出，切不可先猛后衰，前面气力十足，后面声嘶力竭，要学会攒气控制气流。

2. 吐尽吸足

要想吸足一口气必须要将气随着最后一个字吐干净，吸气时才会又快又足。有的演员在台上大口大口地吸气，但还是感觉气不够用的，其原因就是吸气前没有吐干净，腹腔有余气，吸进来呼出去的总是半口气，因此总觉得气力不足。

五、节奏

快板是在节奏控制下的纯粹语言艺术，节奏变化是处理语言、表达情感的重要手段，因此说节奏是快板表演的根基。数来宝、快板节奏变化相对较少，而快板书的节奏变化相对较多。其中还包括快板本身和演员语速快慢的节奏、故事发展的节奏、人物的语言节奏、人物的内心节奏、情绪转的节奏等。充分利用这些节奏，配合不同的语气，才能达到声情并茂的艺术效果。这需要演员有对节奏绝对的掌控能力和较好的艺术修养。

1. 敲打快板和演员语速的节奏

竹板是快板表演当中普遍使用的一种伴奏乐器，所以一定要熟练掌握几种板点的打法，做到音脆且能控制音量，节奏稳而不拖泥带水。特别是小板（节子）在演唱中，不仅起到伴奏的作用，更有烘托气氛的作用，娓娓道来时轻弱而平稳，情绪激动时激烈而声重，紧张气氛下快而不乱，抒发感情时随情而动。要做到这些需要下大功夫，使小板（节子）在手里运用自如、随心所欲，否则不但起不到伴奏作用，还会搅乱节奏，出现板、词分家的现象。有的板友小板（节子）的伴奏总是跟不上唱词的变化，板慢词快或板快词断。究其原因，一是练习不够、功夫不到，还有就是没有心板，所以要加强心板的练习。

2. 故事发展的节奏

快板书突出的是"书"字，与数来宝、快板的不同之处在于，它必须有一个完整的故事，是故事就要有起承转合、矛盾冲突、制造悬念、拴扣解扣，这就是故事发展的节奏。叙事抒情、娓娓道来、矛盾冲突忽快忽慢、制造悬念，神秘惊险、烘托气氛、紧打慢唱，运用技巧、板式的变化，重要的是配以不同的语气、语调达到感染观众的艺术效果。小的板式其实就那么几种，关键是要灵活运用，板式间的衔接是否设计合理、流畅，这也只是技术层面的事情。要想做到惟妙惟肖地讲故事，还要从内容出发，根据不同的情节、不同的场景、不同的人物，运用不同的语气语调和轻重缓急的变化，引人入胜。因此，板式是根，是死的；语气、语调是魂、是活的。下面以《斩堂弟》中的一折做具体分析：

李闯王甩蹬离鞍下了马
见大帅刘宗敏由打帐中迎出来

这两句是交代性语言，不做特殊处理。

宗敏啊，昨晚的事情查得怎么样了？
宗敏说，我正为此事禀大帅
这件事到底谁干的？
刘宗敏吞吞吐吐把口开
是、是、是洪恩……

通过这几句对话的处理，要把两个人物差距拉大，虽然两个人说的是同一件事，但心态不同，此事虽很严重，但李自成作为一军之主，由于身份显赫，语气要尽量平稳。而刘宗敏深知李自成对堂弟李洪恩的喜爱，所以在汇报此事时，语气要显得小心、谨慎，并带有试探性。

闯王闻听就是一愣
咔嚓嚓，就如同晴天霹雳震天外

这两句唱词要加大音量，后一句加快速度，反映出李自成突如其来的心态变化。

口内的钢牙嘎嘣嘣地响
紫红脸当时都气白了

  这两句唱词虽说也是交代性语言，但把第一句故意设计成散板，做特殊处理来强调"嘎嘣嘣地响"，如果按照一板一眼来演唱也不是不可以。只是唱词受到板眼的约束，就不能充分地注入情感，达到渲染气氛的最佳效果。强化板眼就会淡化情感。第二句处理得尽量口语化，以显示李自成听到此消息后急切、生气的心情。
  对以上唱词的整体把握，前半部分要表现出李自成的大将风范和遇事不慌的淡定。后半部分的情绪变化要渲染充分。前后两部分要形成强烈的反差，而刘宗敏的语言要处理得小心谨慎，想说不敢说，不说又不行，最后试探性地说出"洪恩"的名字。

3. 人物的语言节奏

  每段快板书中都会有几个人物来烘托主要人物，每个人物的角色不同、性格不同，对事物的看法不同，因而对他们的语速设计也不同。首先要确定主要人物在不同情况下的语言节奏，其他人物的语言节奏都要围绕主要人物来设计，突出主要人物以达到树立主要人物形象的效果。人物的对话大多用散板，如《斩堂弟》中的一折：

李洪恩一看是二哥闯王到
走上前去躬身拜

这两句不做特殊处理。

闯王说："恩子，
你带弟兄们练枪怎么样了？
抓紧时间可要快！"

  这几处的人物关系要找对，虽说是上下级的关系，但此处更要体现出兄弟情，表达出自成对洪恩的关心、疼爱，语言处理得要亲切，充满希望。

李洪恩说话很紧张
他支支吾吾地不自在：
"二哥，您放心吧，
两个月内，定叫弟兄们把杀敌本领练出来！"

  此句的处理要把李洪恩犯了错误的心态和状态表现出来，正如唱词中揭示的：紧张、不自在，都要通过语言处理和表演传递给观众。

正说着，有一个亲兵下马禀大帅：
"总帅刘爷请您去一趟。"
"什么事？"
"说要把张家湾之事对你讲明白。"
"好吧，回去告诉你们刘爷，
说我随后就到。"

亲兵的语言处理完全是下级向上级报告的语气特点，语速稍快，而李自成的语言处理，也一改与洪恩的语调特点，以一种平淡的、简单的上级对下级的语态表达，用来区分与洪恩对话时语言特点的不同。

"是"亲兵上马转身走。
李自成又把洪恩的肩膀拍：
"恩子，你带着弟兄们好好地练吧。"
"是，明白明白，我全明白。"

李自成这句台词的处理，又恢复了与洪恩对话时表现出的关爱和希望，为后面的情绪变化做铺垫。

4. 人物的内心节奏

快板书中对人物内心活动的描写是比较多的，这是抒发感情、树立人物形象的一种常用的手段。它利用人物内心的独白或是回忆这种特殊的语言节奏，来阐明人物对整个事件的态度和观点，也为故事的发展方向做了铺垫。如《斩堂弟》一折：

李闯王坐在马上心暗想
就觉得刚才洪恩的表情有点怪
他神色紧张不对头
说话也结结巴巴的不自在
莫非说张家湾之事就有他吗？
唎！李自成一身的冷汗透体怀
他极力压制自己的感情
不，不，这不可能，他不敢，别胡猜！

这段唱词是李自成发现李洪恩有些不对劲，坐在马上的自言自语。除了采用敢板处理之外，还要注意声音的控制，表现出自言自语的神态。在句子与句子的间奏上，也一改以往一拍的间奏，改用两拍或三拍，用以表现想来想去、猜测、犹豫、拿不准、不确定的状态，唱词在有板与无板间游离。

我收工回来发现少了一只羊
当时就把我给吓坏了
我赶紧回山去寻找
大半宿也没找回来

第一句由慢渐快，引出第二句的加速，表现紧张的心情。第三句语速渐慢，引出第四句，语速放慢。这几句唱词由慢转快，又由快转慢，表现出一个孩子犯了错误之后的紧张害怕心情和半夜一个人在深山里的恐惧和无奈的状态。

到了后半夜
忽听得有人把我叫
她喊着我的小名：
"黄来儿呀，黄来黄来！"

以上唱词中的"黄来儿呀"采用散板，用以表现老人家年事已高、爬山涉岭、体弱声颤的状态，同时也符合在山中找人时的语音特点。后面的"黄来黄来"加快语速，用以表现老人急迫的心情，同时也表现出李自成此时此刻盼望亲人的急切心态，并为后面唱词的语速加快做铺垫。

5. 情绪转换的节奏

这里要多说几句，因为情绪的转换在快板书的表演当中比较复杂，它包括故事发展的变化、人物内心矛盾和思想的转变以及人物语速的变化等。这些都是为了营造动人的故事和树立人物形象。演员必须采取丰富多变的节奏运用，不断转换板式和语气、语调，来达到引人入胜、起伏跌宕的艺术效果。如《斩堂弟》中一折：

这一夜，他此起彼伏难入睡
直到那东方破晓出现鱼肚白

这句由慢转快的板式运用，表现李自成夜未眠，盼望天亮的急切心情和维护军纪法规的决心，并为下面唱词的紧张场面和演唱节奏的加快起铺垫作用。

闯王立刻升大帐
呼啦啦，满营的将官走进来
个个双眼含热泪
共同上前拜大帅

在这一小段落的处理上，把后三句连起来唱，不留间奏，以此来表现出众将官紧张的心情，渲染气氛。

闯王吩咐一声："众将忙请起，
把十二给我押上来！"

这两句采用的是散板，特别是"押"字，押长两拍或三拍演唱，为表现出李自成对李洪恩的爱与恨。演员要用恨铁不成钢的心态来演绎。

小校们闻听不急慢，
啪嚓嚓，把十二就往地上摔

这两句不做特殊处理。

十二说：二哥，
千不对万不对是兄弟我的不对
千不该万不该是兄弟我的不该

这几句台词处理要略带哭腔，以表现李洪恩认识到错谈后请求原谅的心态。

我不该现了李家眼
我不该砸了闯字牌
我被人拉拢受了害
望二哥宽容把手抬
小弟从此再不敢了
再犯此罪千刀万剐也应该

这几句唱词一贯到底，不留间隙，用以表现李洪恩也是一夜未眠、想来想去、愧对闯王，痛下决心，知错必改，请求原谅的急切心情。

闯王闻听面沉似水

这句唱词本是交代性语言，但却设计成散板，有两个作用：其一表现出闯王虽然很生气却面无表情，表现出大将风范，同时延续前边恨铁不成钢的心情。其二用改变板式的方法，起区分段落的作用。因为此时的场景和紧张气氛没有变，如果还延续上个段落的语速和板式，下一个段落的语速板式也不变，那就像开火车一样，俗称"一道汤"。因此把它转换成散板，用板式变化来区分上下两个段落。

啪嚓嚓，就把桌案拍

将此句唱词转换到前面段落的语速，由于上句唱词采用了收板，此句唱词突然加速，增加了紧张气氛。

你，你、你住口

这句唱词又转换到了敢板，延续李自成的情绪，用以表现他气得发抖。

说什么受害不受害
说什么应该不应该
说什么现眼不现眼
说什么砸牌不砸牌
你也知现了李家眼
你也知砸了闯字牌
你让我当场把你赦
你叫我当众把手抬

此段落为两组排比句，虽是人物语言，却句式规整，不宜用散板。第一句偏慢，表现李自成强压怒火，第二句到第四句逐渐加快，用以表现李自成越说越气，用节奏表现情绪。从第五句到第八句，一贯到底，不留间隙，唱出排比句的味道。最后一句在不影响贯口的同时，改变了板式。把其中的"当"字和"把"字合成拍演唱。

如果要是别人犯了此罪
今天我可以不制裁

这两句唱词稍放慢语速，加重口语化。

皆因为你是我的堂兄弟
不斩你，这几万义军可怎么带
今后这军纪法规还存在不存在
给我推出去
营门以外把头摘

这几句唱词是在散板和上板间交替演唱，第一句场唱词中特别强调"堂兄弟"，来表达李自成恨铁不成钢的心态。下面唱词中的"推"字，伸长两至三拍，用于表达李自成大局为重、大义灭亲的气度。

众将纷纷齐跪倒
给十二求情拜大帅
建秀说：二哥，不，大帅

最后一句唱词别看只有简单的八个字,除去"建秀说"这种交代性的语言,仅有 5 个字,却塑造了建秀简单、直率、粗线条的人物性格。在这紧张的气氛下,他脱口而出的"二哥",其实后面还应该有很多话要说,却立刻意识到不对,这是在军营大帐之中,岂能称兄道弟?马上改口:"不",而后转成上下级的称谓,同时也转换了口气,变成近乎央求的口吻:"大帅"。这是典型的情绪转换的节奏。

您就饶他这一回吧,
让十二他疆场之上戴罪立功把错改

这两句唱词也充分说明他简单、直率的人物性格,与后面老神仙的语言形成对比。

老神仙尚炯忙插话
对,对,建秀他说得很实在
俗话说,千军容易得,一将最难求
十二他是一个好将才
要念他自幼丧父多寒苦
要念他寡母孤儿饿难挨
要念他一十五岁就随军起了义
要念他撇母从军跟你来
他曾经战场杀敌多英勇
他曾经独胆间阵枪挑连营塞
他曾经斩将擒敌身挂彩
他曾经追奔逐北血染尘埃
重阳域敌普如雨飞身入
西番的刀枪如林杀进来
为义军满伏刀头名将血
为义军睡过马鞍不解带
为义军甲挂冰凌不觉得冷
为义军他何惧酷暑热难挨
我几次死里逃生把他救
我舍不得呀,咱义军失此栋梁才
闯王啊,念他的功劳大于过
也念我年迈求情体力衰
请看在大家的份上就饶他这一回吧
今后他再犯,别说求情,我连来都不来

这一大段老神仙的语言，作者用了大量的排比句，因老神仙德高望重，安排他来劝闯王，显得更有分量。演唱时要注入更多的情感，以情感人，劝说闯王。又因年事已高，所以演唱时语速不要太快，个别词句做了特殊处理，采用了抻板唱法，如"撇母从军""追奔逐北"，最后一个"为义军"3个字，采取了一字一拍，抻板的演唱方法。下面又将"我舍不得呀……"用教板演唱，后面的半句词用上板演唱。以上的排比句要唱出味道，又因排比句词句工整，为避免板式的雷同，将"撇母从军""追奔逐北""为义军"改变板式演唱。后面的几句采用了散板演唱，是出于不同的理由。"我舍不得呀"是为了注入更多的感情色彩，而后两句的散板，则是因为唱词不工整。上板唱不好听，也会影响词意，所以设计成散板演唱。

  众将纷纷齐求情
  李洪恩又泣不成声朝上拜
  二哥，还记得起又出征的那一天吗
  我娘对你有过交代
  老人家把我交给你了
  是好是坏由你安排
  今天我做错了这件事
  你怎么能够一点情面无有
  推出营门就把刀开

李洪恩的此段唱词，与前一段唱词有着明显的情绪上的变化，上一段是承认错误、祈求原谅，而这段唱词是看到有人给他求情，继而打出亲情牌，用老娘来刺激李自成。因此在演唱此段唱词时，语气中应带有委屈、埋怨的情绪在里面，节奏偏快。

  闯王说：你、你、你住口
  今天我若不杀你
  今后我怎么执掌这个将台
  如果成要杀了你
  我对不起那白发苍苍老太太
  想罢多时，斩！

洪恩的语言反而激怒了闯王，但想起婶娘又不忍下手，这种情绪上的转换，要在短时间内完成。最后忍痛说出"斩"字！

  刷啦啦，小校把十二架起来
  推推搡搡往外走
  李闯王又吩咐声

把十二给我招、招、招回来
十二上前忙跪倒
多谢二哥把手抬

  这几句唱词速度加快，用以制造紧张气氛，第四句采用散板，最后一个"招"字抻长两至三拍演。李自成突然的情绪变化，让李洪恩错以为李自成改变了做法，不杀他了，因而跪倒谢恩。

不，不是为兄不斩你
我要把今后的事情跟你说明白
老娘之事你放心
我自己全都有安排
她活着我奉养
死了我送终
顶丧驾灵我亲手把她埋
给我推出去，斩！
唰，李自成泪如雨下把胸襟盖

  李洪恩的误解让李自成无言以对，第一句唱词放慢速度，表现出李自成面对洪恩的误解，难以启齿，又不能不说的复杂心情。后面的唱词要加快速度，这是他把洪恩招回来要交代的最后几句话。"顶丧驾灵"采用抻板演唱，表演出李自成爱恨交加，痛不欲生。大义灭亲的痛苦与无奈的复杂心情，通过这几个字宣泄出来。最后一句的"唰"字，不仅是形容李自成泪如雨下，还要把李自成的情绪发展到顶点宣泄完以后的无助、痛苦，瘫坐在那里的绝望表现出来。

  通过分析可以看出，以上唱词使用了大量的"散板"。有些板友可能会有疑惑，什么样的句子用"散板"，什么样的句子上板呢？凡是用上板能充分表达词意、注入感情的，就尽量用上板。"散板"能不用就不用，凡是使用散板，就必须有充分的理由：一是为充分表达词意；二是注入更多情感；三是有些句子过长，字数过多，或不规范，不宜设计板式；四是其他特殊理由。要求一切从内容出发，内容决定板式，还是那句话，过分强调板眼就会淡化情感。

  综上所述，快板的演唱是快板艺术独有的特性，其中包括各种板式和演唱技巧，以及节奏变化。数来宝、快板相对快板书而言，它们的演唱成分比较重，而节奏变化不大，又因题材宽泛，表现形式多种多样，内容不同，处理方法也就不同，因此它的表现手段、演唱技巧很难用规范化的表演形式来约束。而快板书在演唱的基础上融入了更多的表演成分，它以讲故事、塑造人物形象为主要任务，因此借鉴了戏曲、话剧、影视等艺术形式的表演手段，但也有它独特的、个性化的表演。怎样处理快板书的表演尺度、彰显快板书的艺术魅力，将在下一任务板块中与大家共同探讨。

任务三 快板的表演

快板的表演是把文字转化为生动的语言，通过面目表情配以形体动作，综合在一起，在节奏控制下的表演。

快板书在舞台上完成的是直观的立体艺术，但它却与戏剧演员在舞台上塑造的直接形象不同。快板书艺术是通过演员的描述和表演获得的想象的形象，即间接形象。因为在一段快板书节目中，会有众多的形象出现，而这些众多的形象都要靠演员一人完成，因此受到服装、化妆、场景以及时间的限制。表演各色人物要采用典型动作、特色语言、跳进跳出、快速反应、瞬间转换、跳跃性的表演，只求神似不求形似，既给观众以真实、形象、流畅的感觉，又要给观众留下充分的想象空间，既有直观的，又有想象的，这正是快板书独有的艺术魅力。要达到快板书艺术的最佳效果，演员就要做到"演谁像谁不是谁"。这与戏曲、戏剧表演的"真听、真看、真感觉"，有着不同和相同之处。

一、程式化的形体表演

程式化的表演是戏曲艺术特有的一种规范化的表演格式和套路，是指演员表演的动作并非生活中动作的直接模仿，而是在生活中动作的基础上通过想象和美化进行艺术加工，使之成为一种规范的表演艺术形式。也就是说，程式化的表演主要表现在形体动作上。而这些程式化的动作，是经过多少年的舞台实践，被普遍认可和使用的，是一种形象的、美化的、合理的、标准的形体动作。快板书的形体表演也正是借鉴了这种表演手段，即戏曲艺术惯用的手、眼、身步，程式化的表演法则。

（1）手：指东先划西。
（2）眼：欲高先视低。
（3）身：逢左必先右。
（4）步：前进先退后。

比如演员的左前方是一座高山，表演远看高山、层林尽染时，演员右脚先向后撤半步，将重心放在右腿上，左腿后跟抬起，脚尖着地，身体形成后仰，右臂自然弯曲，同时左手向右自然抬起，随眼神向左滑去。眼神自右向左，向远方望去，亮相、定格，完成表演。

表演近看高山悬崖峭壁时，演员右脚向右前方迈一步，身体下蹲，前腿躬、后腿蹬，面向左前方，左手抻二指，随眼神自下而上直指左上方，亮相、定格，完成表演。

由此不难看出，程式化表演的规律，即动作不是一下子表现出来的，而是要经过一定的过程，由起式、延伸、亮相3个层次完成，以使表演动作潇洒漂亮、美观大方。

实际上，在快板书表演实践中真正意义上的程式化表演运用的并不多，更多的是借鉴并融会贯通到自己的表演当中，绝非简单的模仿和照抄。因为快板书的表演，除了模拟剧中各色人物外，更多的是惟妙惟肖地讲故事，与观众直接进行情感交流，所以要求演员的表演亲切自热、真实可信。

二、舞台上的夸张表演

夸张表演是指将生活中的喜、怒、哀、乐，以夸大的、丰富的表情及肢体语言展现在舞台上，其中包括音量和语调的夸张。夸张表演是舞台上特有的表演形式，之所以强调舞台，是因为影视表演可以通过镜头组合（全景、近景、特写等）来表现情节，而舞台上只能通过演员的表演来完成。又因舞台距离观众比较远，即便是一二百人的小剧场，后排的观众离舞台也有十米左右，如果演员的动作幅度不够大，表情不够夸张，语音、语调不够突出，观众很可能不清楚演员在做什么，更谈不上欣赏表演了。而快板书的夸张表演，除了面目表情和眼神的运用，与舞台上戏曲、戏剧的夸张表演大致相同外，更多的是人物刻画的形体表演和对不同角色声音上的修饰，这是快板书表演当中独有的特质。又因为快板书的表演是一人一台戏，没有灯光、音效、舞美的烘托，又没有服装、道具以及其他演员的帮衬，所以对快板书演员的表演提出了更高的要求。

1. 表情的夸张

面目表情的变化来自复杂的内心情感，即喜怒忧思悲恐惊，而这些情感的流露，都是通过眼神的变化表现出来的。生活中人们都经历过七情六欲的感情变化，只不过人们都在尽量掩饰，不愿意流露在脸上被人发现，因为它属于个人隐私。而舞台上快板书的表演，就是要把生活中的各种情绪变化夸张、夸大地表现出来，让人看得清楚、听得明白，才能更好地吸引观众、感染观众。比如表演姑娘的羞涩表情，影视艺术可以通过除了表演外的其他艺术手段，如化妆，可以先将脸画红，然后利用特写镜头表现姑娘眼神的变化，再将镜头切换到其他人发现姑娘羞涩后的不同反映等。以上这一切没有一句台词，也没有更多的表演，完全是利用影视手段呈现在观众面前。而快板艺术必须通过夸张的表演、眼神的游离表现心神不定，或运用程式化的动作，将手贴在脸上表示脸红发热，再配以台词才能完成表演，达到较好的艺术效果。但夸张表演也要有度，过度的夸张表演就变成了滑稽。

2. 语音的装饰

快板书的作品当中会有不同的人物，有男有女有老有少，每个角色气质和性格不同，其声音的音色、音质、力度甚至语速也都不同。吐字发音、语调习惯都有所区别，通过语言的表达能折射出人物的身份地位和文化素养。因此，快板书演员需要抓住人物的性格特征、职业特征、生理特征、地域特征，进行语音的模仿与装饰。下面列举了各种人物及情绪语调的特征：

小朋友活泼淘气
老年人有气无力
中年人成熟稳重
年轻人充满朝气
正面人物声音洪亮
反面人物阴阳怪气
性格温和轻声细语
性格暴躁粗声粗气
性格悲观油腔滑调
性格乐观幽默风趣
性格外向直言快语
性格内向只言片语
受了惊吓声嘶力竭
受了委屈自言自语
情绪激动声高语快
情绪低落唉声叹气
犯了错误吞吞吐吐
体弱病人断断续续
官场官腔装腔作势
下里巴人说话随意
当代青年口无遮拦
知识分子儒雅文气
工人农民真诚实在
医生大夫说话合气
外国朋友洋腔洋调
外地朋友方言处理

以上只是为表演快板书时对部分人物的语言处理的提示。但在快板书的作品当中，人物关系复杂多变，性格情绪多种多样，要具体人物具体分析，恰当地把握、准确地表演，才能达到事半功倍的效果。

三、无实物的模拟表演

无实物的模拟表演是指表演者在根据作品内容不借用任何道具的前提下，充分发挥想象还原现实生活的一种模拟表现手段。无实物表演是学习戏曲、戏剧的必修课，属表演系的基功练习。而作为快板书演员，无实物表演几乎是他们的全部。作品中无论是什么样的场景，都有哪些道具和人物，以及发生了什么样的变化，都要靠演员一人在舞台上通过无实物的表演来完成。无实物表演要求设计合理、交代清楚、表演准确、真实可信。比如一段快板书描写的是饭馆里面发生的故事，演员首先要设计场景。饭馆的门在舞台的哪个方向，柜台在什么位置，桌椅码放在哪里，桌上的饭菜怎样摆放，都要进行合理的设计并向观众交代清楚。演员脑子里要有清晰的规划，做到心中有数，在后面的表演中才能做到方寸不乱、表演准确，才会让观众感觉真实可信，从而产生想象的空间。

四、多角色的转换表演

一段快板书里会有众多的人物出现，它与戏曲、戏剧演员只扮演一个角色不同，快板书是一人一台戏，人物间跳进跳出、快速反应，除了声音、化妆、形体分类之外，人物的位置变化尤为重要。在快板书表演当中，人物的对话一般是你一言我一语，一问一答，时间紧凑、没有间隙。演员的一个转身、一个侧脸就代表了人物的转换，因此一定要设计好每个人物在舞台上的位置，并向观众交代清楚。随着情节的推进，人物情绪的变化，人物的位置可能也要随之改变。这点更要向观众交代清楚。通过台词、眼神、动作的配合，观众能明白人物的位置发生了变化，否则人物位置混乱，表演模糊，观众就会糊涂。另外，人物还可设计成高、矮、胖、瘦等不同形象，高矮可用眼神来表现，胖瘦可用嗓音来区别。

五、渲染气氛、刻画人物

快板书突出的是书，唱的是情。这里的情是指情节之情和感情之情。演员首先要熟读作品，了解故事的情节和来龙去脉，演唱时对时间、地点、人物、场合，要铺平垫稳、交代清楚。讲故事要娓娓道来，如身临其境，迟急强弱、起伏连绵，情绪激昂处放开音量，高潮迭起时加快节奏渲染气氛，从而产生强烈的震撼力，感染观众，达到最佳效果。刻画人物要真情实感、细腻传神。前面说到一段快板书里会有众多的人物出现，但都是为了烘托主要人物而设计的，对主要人物的刻画除了对人物形象进行重点描述外，对人物内心的自白以及真实情感的流露，更要通过演员对人物的理解，利用快板的技巧和各种板式变化展现给观众。板式就那么十来种，在不同的感情基础上，一名好的快板演员，通过他的表演，能给观众一个充分想象空间。随着唱词的变化，观众脑子里会产生不同的画面，就像连环画一样，一页一页地在头脑中闪过，而且每个人的画面大致相似却又有所不同，这就是快板的魅力所在，也是快板表演的最佳效果。

六、演出前后的注意事项

通过不断的练习和长期的排练，掌握了板点的打法和演唱技巧，就可以登台表演了，这是每一位学习快板表演者的最终梦想。但是在正式表演之前，还需要注意以下细节，以便更好地完成表演和不断进步。

1. 演出前

分析作品：拿到作品后要进行深入的分析，规划想要达到的效果和演唱方向。

设计板式：板式在快板演唱中非常重要，因此要下功夫在原作品的基础上，画句头、设计板式，并找出每一句的逻辑重音。

揣摩表演：背诵台词，对人物的性格进行分析，设计符合人物、情节的表情和动作。

反复排练：要做到对作品烂熟于心，唱词顺嘴往外流，动作到位、熟练、不僵硬。

2. 演出中

准备工作：演出前要做好一系列的准备工作，才能胸有成竹。首先看一看演出场地、环境与观众人数，做到心中有数。调试音响、调整话筒高低。化好妆、穿好服装，找一安静处熟悉台词。演出前要安静一会儿，把心沉下来，多喝水，不要太紧张，也不宜太兴奋。

登台表演：上台第一面很重要，要给观众一个好印象。上台要精神饱满，面带微笑，环视观众，稳定情绪，鞠躬敬礼，打板起唱。

演出当中：聚精会神、去除杂念，不要受场内任何情况的影响。演出效果如能达到排练的 80% 就已经不错了。

演出结束：鞠躬下台时要情绪饱满，不要虎头蛇尾，做到有始有终。

3. 演出后

演出后要总结经验，找出不足。下台后，要在脑海中重复刚才的表演，找出哪里满意，哪里还需要进步。只有这样反复地总结经验，才能在以后的表演中不断进步。

【项目实践】

实践内容：学生以个人为单位，进行快板曲艺比赛。

能力要求：尝试在导游词讲解中插入快板曲艺项目。

项目九

非洲手鼓

知识目标： 了解非洲手鼓的基础演奏方法，熟练掌握非洲手鼓的表演。

能力目标： 熟练进行非洲手鼓基础演奏。

思政目标： 掌握非洲手鼓演奏，培养学生导游才艺，增强自信心，促进文明素养的养成。

参考学时： 8学时（理论2学时，实训6学时）。

模块一　基础演奏入门

 **具体任务**

- 了解非洲手鼓的历史及制作材料。
- 掌握非洲手鼓基础演奏手法。

任务一　非洲手鼓概述

一、了解非洲手鼓

非洲手鼓（或称非洲鼓）是一个俗称，英文写法是 Djembe（第一个字母不发音），中文音译为金贝鼓（坚贝鼓），是西非曼丁文化的代表性乐器。非洲手鼓比康加鼓和邦哥鼓更古老，跟它形状差不多的阿拉伯鼓（Doumbek）有关联。

很久以前每当他们/她们唱得高兴的时候，就以双手击打着拍又或击打着身边能击打的所有东西，打出欢快的节奏，跳出开心的舞蹈……就这样，非洲手鼓 Djembe 诞生了，从此非洲手鼓再没有和曼丁人的文化、宗教、歌唱及舞蹈分开过。在生活和劳动中，非洲手鼓为曼丁人增加了无穷乐趣。

非洲手鼓在日常生活中不但用于演奏节奏，还用于传递信息。击鼓人给节奏赋予固定的信号，传达着他们想表达的具体事情。所以他们根本不用走出屋去，就已经知道村里所发生的一切。因为非洲手鼓的鼓声已经把当时的情况传达到每个人的脑海中。

在非洲，很多宗教活动中都有非洲手鼓的身影，并可以作为出征时的战鼓或用于其他社会活动中。非洲手鼓不单单是一种乐器，它还传承着非洲大地的传统、思想、艺术、历史和所有能传承的一切！

二、非洲手鼓的制作材料与尺寸

一般来说，非洲存在几十种基本鼓形和数百种鼓的变形。鼓大如水缸或小如茶杯，鼓身的形状既有陀螺形、圆锥形、台柱形、正方形，还有各种飞禽走兽形，甚至还有人形。有的鼓身上还画上各种几何图形，雕刻花草、人兽，突出了非洲文化的特色。

（一）非洲手鼓的制作材料

常见的非洲手鼓主要采用木头、绳子、皮子、铁圈等制作而成。通常，鼓身主体由一整块木头制作，鼓面由山羊皮制作，通过绳子和铁圈把鼓面皮子和鼓身结合在一起。鼓上还常常增加一些装置以获得某些特殊的效果，如在鼓腔内装一些珠子或干的植物种子，或将金属片、贝壳、色彩斑斓的串珠装在鼓边上，当鼓手击鼓时，就会发出叮叮当当的声音。

传统的非洲手鼓是硬的木头整木掏空制成的，就是用一根木头，把里面掏空然后做成鼓身。现在制鼓工艺中有用拼接木材来制作鼓身的，鼓面多以山羊皮制作。纯白色的山羊皮是经过化学处理过的，外观干净。还有未经过化学处理的生山羊皮，分带毛的和不带毛的，外观比较粗糙，但音色不错。现在随着科技的发展，市场上也有一些采用合成材料制作鼓身以及鼓面。一般，由制作工艺好的工厂制作出来的这种合成材料的鼓的性能和音色也非常不错。由于采用合成材料制作，鼓体质量轻，非常适合小朋友来演奏。

（二）非洲手鼓的尺寸

非洲手鼓的尺寸大小不一，5~18英寸（1英寸=2.54厘米）不等。最常见的为10~13英寸，也就是鼓面的直径为10~13英寸。通常，鼓面的尺寸不会那么精准，这与鼓身使用的木材有直接关系。不同尺寸的鼓的高度是不一样的。一般来说，10英寸的鼓面直径25厘米左右，高50厘米左右；12英寸的鼓面直径30厘米左右，高60厘米左右；13英寸的鼓面直径33厘米左右，高65厘米左右。

任务二　基础演奏入门

一、基础持鼓动作

非洲手鼓的持鼓有两种方式：立式持鼓和坐式持鼓。

立式持鼓可以使用背带，把鼓挂在鼓手身上。背带有腰间挂、颈部挂和双肩背带3种，因人而异。演奏时注意挺胸，背部脊椎拉直，鼓桶贴靠双腿内侧，鼓面与身体具有一定角度，以方便演奏。立式持鼓时，鼓手具备良好的移动行走性，易于增强表演时的表现力。

初学者最好以坐式持鼓为主，在能较好地控制打鼓动作之后，再尝试立式持鼓。采用坐式持鼓时可以坐在椅子或凳子上，注意臀部不要坐得靠后，要靠前一些，否则很难夹住鼓。腰部坐直，不要驼背弯腰，双腿自然分开，把鼓夹在两腿中。注意：鼓一定要倾斜一个角度，鼓面向外倾斜。如果鼓身比较大，可以将鼓置于地上。如果鼓比较小，可以将鼓悬空夹在双腿之间。

有的鼓在用腿夹住的地方配有绳子，具有摩擦力，易于夹住鼓。有的鼓在用腿夹住的地方没有绳子，是光滑的，这时候我们的双脚可以一只稍微向前，一只稍微向后，从而将鼓固定住。

击鼓时保持鼓面向外倾斜，双肩臂打开，双手自然落在鼓边。非洲手鼓是单面鼓皮的乐器，鼓声一部分是从鼓面处发出来的，一部分是从鼓身底部开口处发出来的。让它倾斜的目的不仅是演奏时舒适，而且利于声音从鼓腔底部释放出来。初学者一定要养成正确良好的持鼓动作与姿势。

二、非洲手鼓的基本音与记谱方式

用双手击打非洲手鼓的鼓面，鼓受震动发出数声。当我们用不同手型和不力度来击打鼓面不同位置的时候，发出的声音高低都是不一样的。不同的高低声音就形成了非洲手鼓的不同音调。

非洲手鼓中常用的基本音调有 3 个：低音、中音、高音。

这些音调是非洲手鼓主要的音调，通过击鼓的力度不同，同一个音还会产生不同的效果。把这些音调按照一定的规律打出来，就会听到各种不同的节奏，体验不同的律动。如果与其他乐器合奏效果会更好。我们先从低音、中音和高音这些基本音调开始，从简单的节奏开始。随着学习一步一步深入，我们会不断接触不同的打法，熟悉不同的节奏。

在正式开始之前，要简单认识一下本教程使用的记谱方式，简单易学。

首先来看非洲手鼓的几个基本音：

低音（Bass）；

中音（Tone）；

高音（Slap）；

在曲谱中用 B 表示低音，T 表示中音，S 表示高音。

我们学习打鼓的时候通常要把鼓的节奏唱出来，因此每个音都有一个唱名，这样就可以形象地把鼓音和节奏唱出来。

低音	中音	高音
B	**T**	**S**
咚	嘟	嗒
Dong	Du	Da

在本项目教学中，采用简谱记录时的基础方式来给非洲手鼓记谱，部分曲谱标示了左右手分配的标记，参见下面的记谱范例：

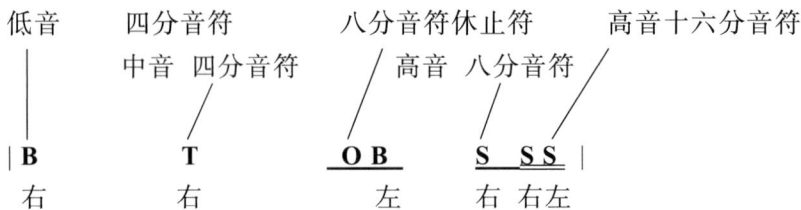

三、非洲手鼓的基础击鼓练习

(一) 学打低音练习

低音打出来是"咚咚"的音，是低沉有力度的声音。打出低音的音调的手形是：大拇指略微张开些，其余四指并拢。手臂放松，手臂和手腕呈直线。切忌手腕弯曲、上臂向身体收紧、甩手腕等错误动作。击打的位置靠近鼓的中心，也会根据鼓面的大小、位置移动。手指指肚在打低音时都必须在鼓面上。整个手掌击打鼓面，击打时快速地弹起，落下的重心在掌心。控制手的力度，手臂带动手击鼓。双手击鼓的时候一定要注意力量均衡，让左右手打出的声音是一样的。

低音练习：

‖B　B　B　B　|B　B　B　B‖
　右　左　右　左　右　左　右　左

‖B　B B　B　B B|B　B B　B　B B‖
　右　右 左　右　左 右　右　左 右　左

(二) 学打中音练习

中音打出来是"嘟嘟"的声音，圆润而饱满。打中音时，手型、手臂与打低音是一样的。打低音时是击打靠近鼓面的外侧边缘的位置。刚开始学习时，可以把手放在低音部位，然后往外挪，到达指根和鼓边对齐的位置，接着抬起手臂，用四根手指部位击打。

击打时手掌快速地弹起，落下的重心在指肚。四个手指指肚同时击打在鼓面中音区的位置上，手指指肚击响鼓面，指根部分接触到鼓边的边沿处。打中音时，四个手指一定要并拢。要不断地听自己打出的音调是否正确，最后要能打出满意的中音音调，记住这时击鼓的手指力度、击鼓位置等。

中音练习：

‖T　T　T　T　|T　T　T　T‖
　右　左　右　左　右　左　右　左

‖T　T T　T　T T|T　T T　T　T T‖
　右　左 右　左　右 左　右　左 右　左

（三）学打高音练习

高音打击出来的是"嗒嗒"的声音，明显区别于中音的音调。打高音时手指放松地张开，但不要张得过大，击鼓的位置和打中音是一样的，打高音时用手指根部磕击鼓边，在冲击的同时指尖击打在鼓面上。像甩打一样，指尖快速击打鼓面。指尖和指根部的肉垫之间的部位是不接触鼓面的，接触鼓面的只是指尖部。

高音练习：

| S　　S　　S　　S　| S　　S　　S　　S |
  右　　左　　右　　左　　右　　左　　右　　左

| S　　S　　SS　 SS　| S　　S　　SS　　SS |
  右　　左　　右左　右左　右　　左　　右左　　右左

（四）节拍训练

手鼓是节奏型乐器，学打手鼓时，如果不会打拍子，很难练好。在演奏中，乐曲的速度都是稳定的，要一直保持节奏的稳定性。不会打拍子的鼓手在演奏中无法保持速度稳定，使其他乐手无法与之合作。在初学打鼓的时候，不要追求打快，要学会打稳，把节拍打准确。打拍子其实不是一件很困难的事情，我们平时听音乐时身体会随着音乐的节奏一起动，如随着节奏律动点头、扭动身体等，这其实都是打拍子的一种体现。

在学习音乐节拍的时候，最常用的方法是用脚打拍子，或者用点头、默念等方式。打拍子更重要的是训练节奏感，时间长了会加强对节奏控制的稳定性。

下面介绍用脚打拍子。

脚踩一下是一拍，踩四下是四拍，脚面从空中均匀地抬起落下。跟着节拍器感受一下。在这个过程中，速度是不变的，不要放下去的时候很慢，抬起来的时候很快，反之也不行。而且，每一拍的速度也是一样的，不要忽快忽慢。如果踩两个八分音符的话，脚落下为一个八分音符，再抬起是另一个八分音符。

（1）以四分音符为准，脚面均匀地落下去又抬上来的瞬间为一拍。

（2）一拍的瞬间被平均分成两份 = 2 个八分音符，每个音的时值占四分音符的 1/2。

（3）一拍的瞬间被平均分成四份 = 4 个十六分音符，每个音的时值占四分音符的 1/4（四连音）。

（4）一拍的瞬间被平均分成三份 = 每个音的时值占四分音符的 1/3（三连音）。

（5）一拍的瞬间被平均分成六份 = 每个音的时值占四分音符的 1/6（六连音）。

（6）一拍的瞬间被平均分成八份 = 8 个三十二分音符。每个音的时值占四分音符的 1/8（八连音）。

具体图示如下：

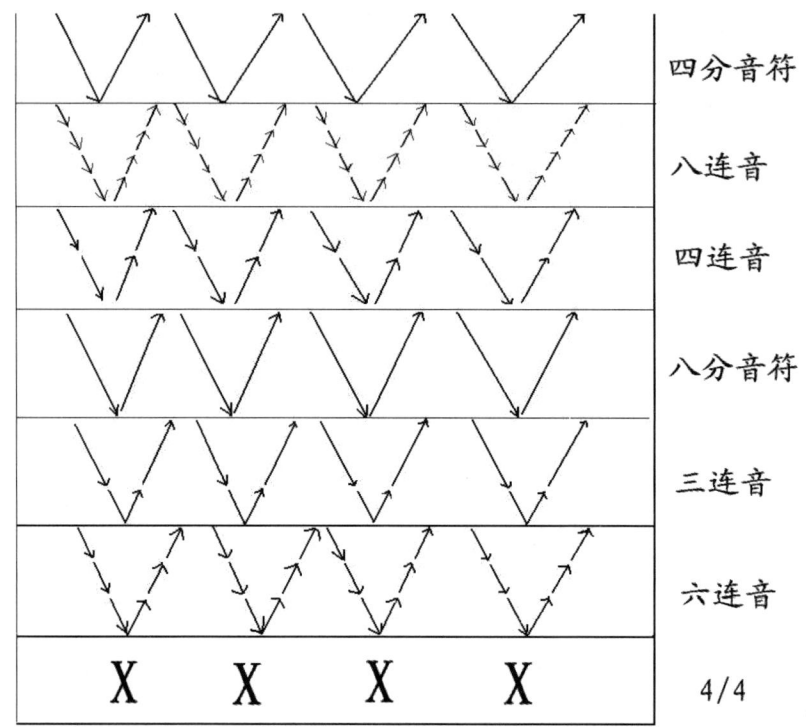

(五)节拍练习

第一组练习：

| X   X   XX   XX |
| X   XX   X   XX |
| X   XX   XX   X |
| XX   X   XX   X |

第二组练习：

| X   0X   XX   X |
| X   XX   0X   X |
| X   XX   0X   0X |
| X   0X   0X   X |
| XX   X   X   X |
| XX   X   0X   X |
| 0X   XX   0X   X |

第三组练习：

| XXX   XXX   XXX   XXX |

| X   XXX   X   XXX |
| XXX   X0X   XXX   X0X |

第四组练习：

| X   XX   X   XXXX |
| XXXX   XX   XXXX   X |
| X XX   X XX   X XX   XXXX |
| XX X   XX X   XX X   XXXX |
| X XX   XX X   XX X   XXXX |
| X   XXX   X X   XXX |

做这些练习的时候，一定要注意节奏的准确，拍子要稳。对于初学打鼓（准确地说是初学音乐）的朋友，拍子不稳是常见的情况。节奏的准确对于鼓手来说是一种基本的而且重要的能力。

这里所说的拍子不稳不仅是说速度不稳，而是包括每个拍子和每个拍子之间的连接不够稳定，导致速度不能保持一致。做到节奏准确、拍子稳定，建议使用下面几种方法进行训练：

（1）使用节拍器。学习音乐都会使用节拍器来训练对速度的控制。养成使用节拍器的习惯是很重要的，节拍基本功底扎实了，以后才能游刃有余。

（2）跟着音乐或歌曲来打鼓也能达到与使用节拍器相同的目的。可以有意识地练习一边听着音乐，一边用脚踩着正确的拍子。

（3）先唱后打是学打节奏的有效方法。首先要把节奏哼唱清楚，非洲手鼓的每个音都有一个唱名，哼唱的时候更容易理解节奏和便于记忆。如果不能把节奏唱出来，那么也难以把节奏打对。

（4）不要贪快，把节奏打对才是目的。大部分初学打鼓的朋友，很容易打快，这种"快打"易丧失对节奏的控制。要先将速度慢下来，把节奏打准确，再稍微提速。

通过以上方法，以及在练习过程中不断积累经验，相信每个人都能把节奏打准确，成为拍子稳定的鼓手。

（六）音符之间的关系

1. 音符

四分音符的下面加一条横线叫八分音符，等于四分音符一半的时间；在八分音符的下面加一条横线叫十六分音符，等于八分音符一半的时间；在十六分音符的下面再加一条横线叫三十二分音符，又等于十六分音符一半的时间；所增加的这条横线叫减时线。增加一条减时线，表示将该音符减少一半的时间（速度）。

X   –   –   –   =全音符
X   –   =   二分音符

X   =   四分音符
X̱   =   八分音符
X̿   =   十六分音符

2. 音符之间的时值关系

$$X = \begin{cases} \underline{X.\ X} & \text{1个八分音符加符点音符加1个十六分音符} \\ \underline{XX} & \text{2个八分音符} \\ \underline{X - =} & \text{1个八分音符加何止符} \\ \underline{XXXX} & \text{4个十六分音符} \\ \underline{XXX} & \text{1个八分音符加2个十六分音符} \end{cases}$$

注：X 代表任意一个音。

（七）乐谱常用标记

1. 符点

符点是在基本音符后面加的那个圆点。它的作用是延长前面音符时值的一半。

X. = X   X̱

四分音符+符点 = 四分音符+八分音符

2. 休止符

表示音的休止的符号，叫休止符。休止就是停顿的意思，在简谱中用"0"表示。为了方便学习，本项目的休止符号用"–"或"0"表示，举例如下：

0 X   X   = – X   X

3. 小节

在拍子的每一个循环中，从强拍到下一个强拍之间的部分，叫作小节。
小节用小节线" | "表示。

4. 强弱标记

拍子是有强弱的相同时间和规律，按照一定次序循环或重复。

（1）由强 弱 次强 弱构成的拍子称为：4/4 拍。

     >   >

| X X X X |

（2）由强弱构成的拍子称为：2/4 拍。

     >

| X X |

（3）由强弱弱构成的拍子称为：3/4 拍。

     >

| X X X |

（4）由强弱弱次强弱弱构成的拍子称为：6/8 拍。

　　　　>　　　　　>
|X X X　X X X|

5. 拍号

表示拍子的记号，叫拍号，如 2/4，3/4，4/4，6/8 等。

（1）2/4 表示以四分音符为一拍，每小节有两拍，如下：

|X X | X X |XX　XX | XX XX |

（2）3/4 表示以四分音符为一拍，每小节有三拍，如下：

|X X X|X X X|X XX XX| X XX XX|

（3）4/4 表示以四分音符为一拍，每小节有四拍，如下：

|X X X X|X X X X|X XX XX X | X XX XX X|

（4）6/8 表示以八分音符为一拍，每小节有六拍，如下：

|XXX　XXX |XXX　XXX|

注：在 6/8 拍中，四分音符是两拍，八分音符才是一拍。熟练地了解和掌握拍子的特性，有助于扩大即兴的范围和随意性。

6. 反复标记

有反复标记的谱子在第一遍结束后要重复演奏一遍。

||:　　:||

四、基本音演奏训练

下面是几组基本音演奏训练，要把每个音的音调打得干净清楚，请按照谱例中左右手标示分配左右手（如果是"左撇子"，颠倒一下即可）。以下练习基本以八分音符的节奏为主，节奏都较为简单，目标是把音调打对。

演奏练习：

　　　　RL RL RL RL RL　RL RL RL RL　RL RL RL RL

（1）|BB TT SS BB|BB TT SS BB|BB TT SS BB|

　　　　RL RL RL　RL RL RL RL RL RL　RL RL RL RL RL

（2）|TT SS BB TT|TT SS BB TT|TT SS BB TT|

　　　　RL RL RL RL RL RL　RL RL RL RL RL RL

（3）|SS BB TT SS|SS BB TT SS|SS BB TT SS|

　　　　RL RL RL RL RL RL　RL RL RL RL RL RL

（4）|BB TT SS BB|TT SS BB TT||SS BB TT SS|BB TT SS BB|

▶ 导游才艺

```
         R   R L R   R L R   R   R L R   R L  R L
（5）|B -   T  T |B -   B  T |B -   T   TT |B -  BT TT |

         R R L  R R L  R R L  R R L   R R L  R R L  R R L  R R L
（6）| BSS   TSS | BSS   TSS | BSS   TSS | BSS   TSS |

       R L R L R L R L R L R L R L R L
（7）| BB TT SS TT|BB TT SS TT|BB TT SS TT|BB TT SS TT|

         R  L R  L R   L R  L R   L R  L   R L
（8）|B   B  S  T|B   B   T  S|B   B   S  T|B   B   T  S|

         R  L R  L R   L R  L R   L R  L   L R L
（9）|B   B  T  S|B   B   S  T|B   B   T  S|B   B   S  T|

       R L R L R L R L R L R L R L R L
（10）| BB ST TS TT|BB ST TS TT|BB ST TS TT|BB ST TS TT|

       R L R L R L R L R L R L R L R L
（11）| BB TS ST SS|BB TS ST SS|BB TS ST SS|BB TS ST SS|

         R        R L R   R        R L R
（12）|B  -   -   -|S   S   T   -|B  -   -   -|S   S   T   -|

         R L    R    R L R L    R    R L
（13）|B  T   -  -|T   -   S   S|B  T   -  -|T   -   S   S|

         R L R L  L R L R   L R L     L R L
（14）|B  T  S  T|-  T   B   T|B  T  S  T |-  T   B   T|

         R L    L R L    L R  L    L R L    L
（15）|B  T   -  T|S  T  -   T|B  T  -   T|S  T  -   T|

         R   R L R   R L R   R L R    R L
（16）|B  -   B  S|B  -   B  T|B  -   B  S|B  -   B  T|

         R   R L R   R L R   R L R    R L
（17）|B  -   T  S|T  -   B  T|B  -   T  S|T  -   B  T|

             L R L   L R L   L R L    L R L
（18）|-   T  B  T|-  S   T   S|-  T  B  T|-  S   T   S|
```

```
           R L     L R     R  R L     L R     R
(19) |B    T  –  S|T  –    B  –|B    T  –  S|T  –    B  –|

             R    R L          R L R       R L       R L
(20) |B  –   T    S|–  –    T  T |B  –    T  S|–  –    T  T|

             R L R         L R  R L R         L R
(21) |B   T  S  –|–    T    T  –|B    T  S  –|–   T    T  –|

           R L     L R     R L R       L R     R L
(22) |B    T  –  T|T  –    S  T|B    T  –  T|T  –    S  T|

           R L R      L       L R L R         L        L
(23) |T    S  T –|–   B    –  S|T    S  T –|–    B  –  S|

           R L R L         L R  L R L R         L R L
(24) |S   S  T  T|–    T    B  T|S   S  T  T|–    T   B  T|

           R L R      R L       L R     L R  R L       L
(25) |S   S  B  –|S   S  –    T|S   S   B  –|S   S  –    T|

           R L       R L       R L       R L
(26) |B    T  –  –|S   S  –  –|B    T  –  –|S   S  –  –|

           R L     L R     R  R L     L R     R
(27) |B    T  –  S|S  –    T  –|B    T  –  S|S  –    T  –|

           R    R  R L R R        R    R L R
(28) |B   –    T  –|B  B  S  –|B  –    T  –|B  B  S  –|

           R L R    R L R R L R    R L R R L R
(29) |B    T  T  –|S   T  T  –|B    T  T  –|S   T  T  –|

           R L       L R           R L       L R
(30) |B    S  –   T|T  –   –    –|B   S  –   T|T  –   –    –|

           R L     L R     R R L     L R     R
(31) |B    S  –  T|T  –    B  –|B    S  –  T|T  –    B  –|

           R L       L R L R R L       L R L R
(32) |B    S  –   T|T  B  B  –|B    S  –   T|T  B  B  –|

           R L R     L R L R       R L R L R L R
(33) |B    S  B  T|T  B  B  –|B    S  B  T|T  B  B  –|
           R L R     L R  L R     L R L R    L R L
```

(34) |B S B T|T B B S|B S B T|T B B S|

        R   R   R   R   R   R   R

(35) |B – T –|S – S –|B – T –|S – S –|

       RL RL RL RL RL RL RL

(36) |ST ST TT TT|ST ST BT BT|

       RL RL RL RL RL RL RL RL

(37) |TS TS TT TT|TS TS TB TB|

       RL RL RL RL RL RL RL RL

(38) |SB SB TB TB|SB SB BB BB|

四连音的练习：

       RLRL RLRL RLRL RLRL RLRL RLRL RLRL RLRL

（1）‖BTTT STTT BTTT STTB|BTTT STTT BTTT STTB‖

       RLRL RLRL RLRL RLRL RLRL RLRL RLRL RLRL

（2）‖BTTT TTBT TTTT BTTT|BTTT TTBT TTTT BTTT‖

       RLRL RLRL RLRL RLRL RLRL RLRL RLRL RLRL

（3）‖BSTT STTB TTBT STTT|BSTT STTB TTBT STTT‖

       RLRL RLRL RLRL RLRL RLRL RLRL RLRL RLRL

（4）‖BSTT STTB BTTT STTT|BSTT STTB BTTT STTT‖

       RLRL RLRL RLRL RLRL RLRL RLRL RLRL RLRL

（5）‖BTTB TTBT BSTT STTT|BTTB TTBT BSTT STTT‖

       RLRL RLRL RLRL RLRL RLRL RLRL RLRL RLRL

（6）‖BTTT STTS TTBS STTT|BTTT STTS TTBS STTT‖

       RLRL RLRL RLRL RLRL RLRL RLRL RLRL RLRL

（7）‖BTTT STTT STTT STTB|BTTT STTT STTT STTB‖

       RLRL RLRL RLRL RLRL RLRL RLRL RLRL RLRL

（8）‖TTTT TTTT TTTT TTTT|TTTT TTTT TTTT TTTT‖

       RLRL RLRL RLRL RLRL RLRL RLRL RLRL RLRL

（9）‖BTTT BTTT BTTT BTTT|BTTT BTTT BTTT BTTT‖

       RLRL RLRL RLRL RLRL RLRL RLRL RLRL RLRL

（10）‖BBTT BBTT BBTT BBTT|BBTT BBTT BBTT BBTT‖

```
       RLRL    RLRL    RLRL    RLRL    RLRL    RLRL    RLRL    RLRL
（11）‖BBTB    BBTB    BBTB    BBTB|BBTB    BBTB    BBTB    BBTB‖

       RLRL    RLRL    RLRL    RLRL    RLRL    RLRL    RLRL    RLRL
（12）‖BTBB    BTBB    BTBB    BTBB|BTBB    BTBB    BTBB    BTBB‖

       RLRL    RLRL    RLRL    RLRL RLRL    RLRL    RLRL    RLRL
（13）‖BTBT    BTBT    BTBT    BTBT|BTBT    BTBT    BTBT    BTBT‖

       RLRL    RLRL    RLRL    RLRL RLRL    RLRL    RLRL    RLRL
（14）‖TBBT    TBBT    TBBT    TBBT|TBBT    TBBT    TBBT    TBBT‖

       RLRL    RLRL    RLRL    RLRL RLRL    RLRL    RLRL    RLRL
（15）‖TTBT    TTBT    TTBT    TTBT|TTBT    TTBT    TTBT    TTBT‖
```

五、如何分配左右手

（一）左右手的分配

如果没有经过学习和训练，在打鼓时对于应该怎么用左右手会有些迷惑，会跟着自己的感觉打，这往往是错误的，形成习惯就更不好更改了。因此，一定要在刚开始练习时就养成正确的习惯，按照谱例左右手标示来打鼓。这对于以后的学习有很大的帮助。严格意义上讲，没有非常明确的说法一定要怎么分配左右手才是正确的或者错误的，但是通常会存一些基本的原则。根据这些原则，我们可以灵活地分配双手，使打鼓变得更加顺畅。

在一些简单节奏以及慢速的节奏中：可以按照音调分配左右手，通常是右手打 B 这个音，左手打或 S 这个音；也可以左右手轮流交替分配，按照节拍等时值的原则来分配左右手。

在一些快速密集的节奏中，基本上是使用左右手交替打鼓的方式进行演奏。对于初学者来说，可能一下子难以理解这些基本原则，不要着急，在后续的学习中，我们为每个节奏标注出了左右手分配方法，通过对这些节奏的练习，能领悟到左右手分配的原则。初学者要按照曲谱的左右手分配方法打鼓，切忌随心所欲地打。练习过程中，建议初学者养成左右手交替击鼓的习惯，有利于快速密集节奏的发展。本项目中所提供的谱例都是按照"右撇子"人的习惯来分配左右手的，"左撇子"的人把左右手分配反过来即可，即谱例上标示的是"右"，就用左手来打，标示的是"左"就用右手来打。打熟练了，很多习惯就会自然养成了，再不会纠结于左右手的分配，而是非常自然地演奏。

（二）一些基本节奏的常规左右手练习

```
       RLRL  RLRLRLRL  RLRL
（1）|TTTT|TTTT|TTTT|TTTT|
```

```
              RLRL RLRL RLRL RLRL
    （2）|T T T B|T T T T|T B T T|B T T T|

              RLRL RLRL RLRL RLRL
    （3）|B T T B|B B T T|B B B B|B T T T|

              RLRLRLRLLRRLRL
    （4）|B T T T|B T T T|T T T T|T T T T|

              RLRLRLRLRLRRLRL
    （5）|B T T B|T T T T|B B BB T|T T TT TT|
```

（6）八分音符=右左

```
    RL RL RL RL RL RL RL RL RL RL RL RL
    |TT TT TT TT|TT TT TT TT|TT TT TT TT|
```

（7）十六分音符（四连音）=右左右左

```
    RLRLRLRLRLRLRLRLRLRLRLRLRLRLRLRL
    |TTTT TTTT TTTT TTTT|TTTT TTTT TTTT TTTT|
```

（8）符点=右左

```
    R  L  R  L  R  L  R  L  R  L  R  L
    |T.T  T.T |T.T  T.T |T.T  T.T |T.T  T.T |
```

（9）前八后十六=右 右左

```
    R RL  R RL R RL   R RL R RL   R RL R RL   R RL
    |T TT  T TT|T TT  T TT|T TT  T TT|T TT  T TT|
```

（10）前十六后八=右左 右

```
    RLR  RLR RLR   RLR RLR   RLR RLR   RLR
    |TTT  TTT TTT|TTT TTT|TTT TTT|TTT TTT|
```

（11）四连音和前十六后八=右左右左 右左左

```
    RLRL  RLR RLRL   RLR RLRL  RLR RLRL   RLR
    |TTTT  TTB|TTTT  TT B|TTTT  TTB|TTTT  TTB|
```

（12）前三连音后八=右左右 左

```
    R RL L   R RL RL RL  R RL L   L R  RL R
    |B TT –S  S|BT TT BS   S|T TT –T –T|T   SS S – |
```

刚开始练习的时候需要看左右手标记，经过长时间的练习后，在遇到节奏型时双手会形成惯性，会正确并自然地打出节奏来，练习时一定要保持节奏的稳定。

模块二 现代流行音乐节奏训练

>
>
> ➤ 掌握现代流行音乐非洲手鼓的演奏。

本模块主要掌握非洲手鼓现代流行音乐演奏。

常用节奏——第2组：带有重拍律动的8分音符节奏。

(1)
‖: B T T̂ T B T T̂ T | B T T̂ T B T T̂ T |
　 右 左 右 左 右 左 右 左　右 左 右 左 右 左 右 左

　| B T T̂ T B T T̂ T | B T T̂ T B S S S :‖
　　右 左 右 左 右 左 右 左　右 左 右 左 右 左 右 左

(2)
‖: B T T̂ B B T T̂ T | B T T̂ B B T T̂ T |
　 右 左 右 左 右 左 右 左　右 左 右 左 右 左 右 左

　| B T T̂ B B T T̂ T | T̂ T T̂ T T̂ T T̂ T :‖
　　右 左 右 左 右 左 右 左　右 左 右 左 右 左 右 左

(3)
‖: B T T̂ T B B T̂ T | B T T̂ T B B T̂ T |
　 右 左 右 左 右 左 右 左　右 左 右 左 右 左 右 左

　| B T T̂ T B B T̂ T | B T T̂ B O B T̂ B :‖
　　右 左 右 左 右 左 右 左　右 左 右 左　右 左 右

(4)
‖: B T T̂ T B B T̂ T | B T T̂ T B B T̂ T |
　 右 左 右 左 右 左 右 左　右 左 右 左 右 左 右 左

　| B T T̂ T B B T̂ T | B T T̂ T O S S S S :‖
　　右 左 右 左 右 左 右 左　右 左 右 左　左 右 左

童 年

1=C 4/4

罗大佑 词曲

池塘边 的榕树 上，知了在声 声 叫着夏 天。

操场边 的秋千 上，只有那蝴 蝶 停在上 面。

黑板 上 老师的粉笔，还在 拼命叽叽喳喳写个不 停。

等待 着下 课，等待 着放 学，等待 游戏的童 年。

完整歌词：
池塘边的榕上，知了在声声叫着夏天。
操场边的秋千上，只有那蝴蝶停在上面。
黑板上老师的粉笔，还在拼命叽叽喳喳写个不停。
等待着下课，等待着放学，等待游戏的童年。
福利社里面什么都有，就是口袋里没有半毛钱。
诸葛四郎和魔鬼党，到底谁抢到那只宝剑。
隔壁班的那个女孩，怎么还没经过我的窗前。
嘴里的零食，手里的漫画，心里初恋的童年。

总是要等到睡觉前，才知道功课只做了一点点。
总是要等到考试后，才知道该念的书都没有念。
一寸光阴一寸金，老师说过寸金难买寸光阴。
一天又一天，一年又一年，迷迷糊糊的童年。

没有人知道为什么，太阳总下到山的那一边。
没有人能够告诉我，山里面有没有住着神仙。
多少的日子里总是一个人面对着天空发呆。
就这么好奇，就这么幻想，这么孤单的童年。

阳光下蜻蜓飞过来一片一片绿油油的稻田。
水彩蜡笔和万花筒画不出天边那一道彩虹。
什么时候才能像高年级的同学有张成熟与长大的脸。
盼望着假期，盼望着明天，盼望长大的童年。
一天又一天，一年又一年，盼望长大的童年。

> 导游才艺

虹彩妹妹

1=C 4/4

绥远民歌

虹彩妹妹嗯咳呦,长得好那么嗯咳呦。
三月里来桃花开,我与妹妹成恩爱。
樱桃小口嗯咳呦,一点点那么嗯咳呦。
八月中秋月正圆,想起来妹妹泪涟涟。

【项目实践】

实践内容：学生以个人为单位进行非洲鼓才艺练习。

能力要求：尝试在导游工作中插入非洲鼓项目的表演。

项目十

旅途其他知识

知识目标: 了解中国之最,熟练掌握别具一格的欢迎及欢送词。

能力目标: 能体会旅途中其他知识,能针对某一具体旅游活动在导游词讲解中增加路途其他知识项目。

思政目标: 增强民族自信心和自豪感,培养学生热爱导游本职工作的美好情操,促进文明素养的养成。

参考学时: 8学时(理论2学时,实训6学时)。

模块一　中国之最

> 　**具体任务**
> - 了解和熟悉中国的世界之最。
> - 了解和熟悉中国之最。

任务一　中国的世界之最

（1）世界最长的城墙：中国万里长城。

（2）世界最古老的东西贸易通道：丝绸之路。

（3）世界围地最大的城墙：明代南京石头城。

（4）世界最高的北回归线标志塔：广东从化北回归标志塔。

（5）世界水稻种植最北的地区：黑龙江呼玛县。

（6）世界最著名的涌潮：钱塘江潮。

（7）世界最大的陨石雨和陨石：吉林省。

（8）世界最早的水闸式运河：广西灵渠。

（9）世界最长的运河：京杭大运河。

（10）世界含沙量最大的河流：黄河。

（11）世界海拔最高的河流：雅鲁藏布江。

（12）世界最高的大咸水湖：西藏的纳木错湖。

（13）世界高峰最多的山脉：喜马拉雅山脉。

（14）世界最高的农业种植区：西藏。

（15）世界流动沙丘面积百分比最大的沙漠：塔克拉玛干沙漠。

（16）世界最低的盆地：新疆吐鲁番盆地。

（17）世界陆面最大的高差：珠穆朗玛峰（8848.43 米）与艾丁湖（-155 米）。

（18）世界熔岩地貌最发达之地：广西贵州和云南东部。

（19）世界最大的黄土地貌：中国黄土高原。

（20）世界最高、最年轻的高原：青藏高原。

（21）世界空气最稀薄之地：珠穆朗玛峰。

（22）世界最高、最大的高原湖群分布区：藏北高原。

（23）最早的兵书：春秋孙武的《孙子兵法》。

（24）字数最多的字典：清朝的《康熙字典》。

（25）最早的报纸：西汉的《邸报》。

（26）最早的传记文学：西汉的《史记》。

（27）最早的优秀诗歌总集：春秋的《诗经》。

（28）记载时间最长的历史巨著：孔子的《春秋》。

（29）世界最大的皇宫：北京的故宫。

（30）最高的宫殿：布达拉宫。

（31）最长的石窟画廊：敦煌莫高窟。

（32）最大的内陆盆地：塔里木盆地。

（33）最早的立体地图：宋代沈括绘制的《使契丹图》。

（34）最大的广场：北京天安门广场。

（35）世界上最大的水利枢纽工程：三峡工程。

（36）最高的山峰：珠穆朗玛峰。

（37）世界最高大的山脉：喜马拉雅山脉。

（38）最高的大高原：青藏高原。

（39）世界最大的高原湖泊群分布区：青藏高原湖区。

（40）世界邻国最多的国家：中国（21个）。

（41）世界海拔最高的盆地：柴达木盆地。

（42）世界海拔最高的湖泊：喀顺湖。

（43）世界樟脑产量最高的地区：台湾。

（44）世界含沙量最大的河流：黄河。

（45）世界最大的黄土分布区：黄土高原。

（46）中国花卉世界之最：

花卉种类最多、产牡丹最多、产玫瑰最早、栽菊花最早、最香的花（素有"香祖"之称的兰花）、叶子寿命最长的植物（百岁兰）。

任务二　中国之最

一、中国地理之最

（1）面积最大的省级行政区：新疆维吾尔自治区。

（2）面积最小的省级行政区：澳门特别行政区。

（3）人口最多的省级行政区：河南省。

（4）人口最少的省级行政区：澳门特别行政区。

（5）领土的最东端：黑龙江省的黑龙江与乌苏里江主航道中心线的相交处（135°E）。

（6）领土的最南端：南海南沙群岛中的曾母暗沙（4°N附近）。

（7）领土的最西端：新疆帕米尔高原（73°E）。

（8）领土的最北端：黑龙江省漠河以北的黑龙江主航道中心线上（53°33′N）。

（9）大陆海岸线的最北点：鸭绿江口。

（10）大陆海岸线的最南点：北仑河口。

（11）最高的山峰：珠穆朗玛峰。

（12）最长最宽的山脉：昆仑山脉。

（13）最长的河流：长江。

（14）含沙量最大的河流：黄河。

（15）海拔最高的河流：雅鲁藏布江。

（16）最长的内陆河：塔里木河。

（17）最长的地下河：坎儿井。

（18）最长的运河：京杭大运河。

（19）最早的越岭运河：灵渠。

（20）面积最大的淡水湖：鄱阳湖。

（21）面积最大的咸水湖：青海湖。

（22）最深的湖：长白山天池。

（23）海拔最高的咸水湖：纳木错湖。

（24）最大的瀑布：黄果树瀑布。

（25）落差最大的瀑布：云台山瀑布（落差310米）。

（26）最大的瀑布群：云南的九龙河瀑布群。

（27）面积最大的平原：东北平原。

（28）最大的盆地：塔里木盆地。

（29）地势最低的盆地：吐鲁番盆地。

（30）地势最高的盆地：柴达木盆地。

（31）最高的高原：青藏高原。

（32）最大的丘陵区：江南丘陵区。

（33）最大的草原：内蒙古大草原。

（34）最大的峡谷：雅鲁藏布江大峡谷。

（35）最深的大峡谷：云南省丽江的虎跳峡。

（36）最大的岛屿：台湾岛。

（37）最大的群岛：舟山群岛（岛屿1339个）。

（38）最大的冲积岛：崇明岛。

（39）岛屿最多的省：浙江省。

（40）最大的海峡：台湾海峡。

（41）海岸线最曲折的省：福建省。

（42）最大的半岛：辽东半岛。

（43）最大的渔场：舟山渔场。

（44）陆地最高点：珠穆朗玛峰。

（45）最大的盐场：长芦盐场。

（46）陆地最低点：艾丁湖（-154米）。

（47）最大的冰川：因斯提冰川（长40千米）。

（48）最厚的山谷冰川：纳木那尼冰川（厚度超过200米）。

（49）人口最多的民族：汉族。

（50）人口最少的民族：珞巴族。

（51）人口最多的少数民族：壮族。

（52）少数民族最多的省：云南省。

（53）最大的广场：天安门广场。

（54）降水量最多的地方：台湾东北部的火烧寮。

（55）降水量最少的地方：吐鲁番盆地中的托克逊。

（56）面积最大的沙漠：塔克拉玛干沙漠。

（57）最大的城市：上海。

（58）温泉最多的城市：济南。

（59）最大的山城：重庆。

（60）私家园林最多的城市：苏州。

（61）离海洋最远的城市：乌鲁木齐。

（62）阳光最充足的城市：拉萨。

（63）最东端的小镇：乌苏镇。

（64）最南端的城市：三亚。

（65）最北端的村庄：漠河。

（66）最热的城市：吐鲁番。

（67）最冷的村庄：漠河。

（68）最著名的南北分界线：秦岭淮河。

（69）地震最频繁的省：台湾。

（70）最大的港口：上海港。

（71）最大的经济特区：海南省。

（72）茶花品种最多的省：云南省。

（73）最大的响石带：重庆巴南区丰盛镇响石带（长3000多米）。

（74）最高的电视塔：上海东方明珠电视塔。

（75）最大的油田：黑龙江省的大庆油田。

（76）最长的城墙：万里长城。

（77）热泉最集中的地方：云南省的腾冲热海。

（78）最大的椰子产地：海南岛。

（79）最著名的热带雨林区：西双版纳热带雨林区。

（80）下雨天数最多的地方：四川峨眉山顶。

（81）阳光最充足的地方：青海的冷湖。

（82）最大的自然保护区：阿尔金山国家级自然保护区。

（83）地球上最北的热带雨林：西藏的墨脱。

（84）面积最大的县：新疆若羌县。

（85）气温年较差最大的地方：黑龙江省的嘉荫（49.2C）。

（86）气温年较差最小的地方：南海西沙（6.1°C）。

（87）最早建立的高新技术开发实验区：北京的中关村。

（88）规模最大、保存最完整的宫殿建筑群：北京故宫。

（89）最大的黄土堆积区：黄土高原。

（90）最大的石刻佛像：四川乐山大佛。

（91）最大的野生东北虎聚集区：吉林长白山。

（92）最大的水电站：长江三峡水电站。

（93）最大的原始森林区：内蒙古大兴安岭。

（94）最早发现和开采的石油基地：玉门。

（95）最早最大的航天基地：酒泉卫星发射中心。

（96）最大的石窟艺术宝库：敦煌莫高窟。

（97）年产量最大的煤田：山西大同煤田。

（98）雾日最多的地区：四川省峨眉山。

（99）规模最大的岩溶山水风景区：桂林漓江风景区。

（100）最大的帝王陵墓博物馆：秦始皇陵与兵马俑坑。

二、中国景点之最

（1）古代著名三大楼：湖南岳阳的岳阳楼、湖北武昌的黄鹤楼、江西南昌的滕王阁。

（2）天下三奇：匡庐瀑布、雁荡龙湫、黄山石笋。

（3）阿里山三大美景：林涛、云海、樱花。

（4）江西三清山三美：山岩、山泉、古松。

（5）黄山四绝：怪石、云海、奇松、温泉。

（6）庐山四奇：山峰、瀑布、云雾、怪石。

（7）雁荡山四绝：飞瀑、奇峰、怪石、幽洞。

（8）青岛崂山四趣：水、鱼、石、树。
（9）普陀山五绝：金沙、寺院、奇石、潮音、幻景。
（10）衡山四绝：祝融峰之高、方广寺之深、藏经阁之秀、水帘洞之奇。
（11）泰山顶四大奇观：旭日东升、晚霞夕照、黄河金带、云海玉盘。
（12）中国四大名亭：安徽滁州醉翁亭、北京先农坛陶然亭、湖南长沙爱晚亭、浙江杭州湖心亭。
（13）中国四大藏书阁：北京文渊阁、沈阳文朔阁、承德文津阁、杭州文澜阁。
（14）中国四大石窟：大同云冈石窟、洛阳龙门石窟、敦煌莫高窟、天水麦积山石窟。
（15）中国川中四绝：夔门天下雄、剑门天下险、峨眉天下秀、青城天下幽。
（16）中国四大高原：青藏高原、内蒙古高原、黄土高原、云贵高原。
（17）中国四大牧区：内蒙古、新疆、西藏、青海。
（18）中国四大盆地：四川盆地、塔里木盆地、准噶尔盆地、吐鲁番盆地。
（19）中国四大河流：长江、黄河、黑龙江、珠江。
（20）中国四大回音建筑：北京天坛回音壁、山西蒲州的普救寺塔、河南的蛤蟆塔、四川潼南区大佛寺的石琴。
（21）中国四大佛山：四川峨眉山、山西五台山、安徽九华山、浙江普陀山。
（22）中国著名五岳：东岳泰山、南岳衡山、西岳华山、北岳恒山、中岳嵩山。
（23）中国古代六大都：北京、西安、洛阳、南京、杭州、开封。

模块二　中国城市的别称

 具体任务

➢ 了解和熟悉中国的名城。
➢ 了解和熟悉中国城市的别称。

任务一　中国名城

西安：古城、唐城、汉城
重庆：山城、洞天世界、雾都
拉萨：太阳城

南昌：英雄城
杭州：杭城
宁波：甬城
温州：鹿城
绍兴：越城
嘉兴：秀城
湖州：湖城
金华：婺城
衢州：柯城
丽水：莲城
舟山：岛城
济南：泉城
常州：龙城
大庆/东营：油城
南京：石城
徐州：彭城
潮州：凤城
上海：申城
成都：蓉城
平顶山：鹰城
蚌埠：珠城
福州：榕城
广州：羊城、花城
深圳：鹏城
东莞：莞城
哈尔滨：冰城
长春：春城
吉林：江城
南昌：樟城
十堰：车城
青岛：岛城
烟台：港城
武汉：江城
长沙：星城
湘潭：莲城

洛阳：花城

郑州：绿城

安庆：宜城

太原：龙城

柳州：龙城

南昌：洪城

南宁：邕城、绿城

常德：柳城

鞍山：钢都

自贡：盐都

抚顺：煤都

景德镇：瓷都

任务二　中国城市别称

北京：燕京、京师

天津：津沽、津门、九河下梢、河海要冲

石家庄：燕晋咽喉

张家口：京师门户、京都锁钥、塞上皮都

保定：北京南大门

沧州：武术之乡

衡水：水陆码头

辛集：直隶一集

晋州：河北棉乡、冀中宝地

鹿泉：山水甲恒（恒山）南

遵化：三山两川

丰南：润泽丰美

迁安：铁迁安、北迁南宣

涿州：天下第一州

泊头：梨枣之乡、中国鸭梨第一乡

霸州：冀中金三角

太原：煤铁之乡

大同：煤城、煤海

阳泉：黑（无烟煤）白（铝矾土）黄（硫铁矿）城
晋城：黑色宝库
介休：三贤故里
临汾：膏脂之地、棉麦之乡、黄土高原花果城
霍州：中州重镇、河东屏障、物华天宝数霍州
运城：三藩都会
河津：古耿王都
呼和浩特：青色之城
包头：鹿城、草原钢城
乌海：乌金之海、塞外煤都
临河（巴彦淖尔）：塞上粮仓
锡林浩特：高原之城
二连浩特：幻景之城、祖国北大门、陆地港、恐龙之乡
通辽：富饶的土地
霍林郭勒：美食之河、草原煤城
乌兰浩特：红色的城市
满洲里：欧亚大陆桥
牙克石：被冲毁的河岸
扎兰屯：塞外苏杭
大连：足球城
鞍山：钢都
抚顺：煤都
本溪：煤铁之城
丹东：红色东方之城
营口：东方贸易良港
瓦房店：苹果之乡、轴承之乡、金刚石基地
海城：苹果之乡
长春：汽车城、塞北春城、电影城、森林之城
吉林：沿江的地方、船厂、化工城
辽源：吉林煤城
白山：立体资源宝库
榆树：大豆之乡、东北粮仓
舒兰：果实之城
梅河口：立体宝库、鱼米之乡
洮南：千年古城、百年府县

大安：鱼米之乡、骏马之乡
延吉：歌舞之乡、北国足球之乡
图们：万水之源
敦化：千年古都百年县
珲春：鸡鸣闻三国、犬吠惊三疆
和龙：两山夹一江
哈尔滨：北方音乐之城、冰城、晒渔网的场子
齐齐哈尔：鹤城、天然牧场
大庆：石油城
伊春：林都、红松故乡
牡丹江：小江南、卫生城
富锦：江边岗地、鱼米之乡
同江：老屋
穆棱：百里金川
五大连池：天然火山公园
安达：奶牛之乡、填不满的安达站
东港：鱼米之乡
灯塔：北国鱼米之乡
上海：不夜城
南京：六朝古都、石头城、金陵、钟山龙盘、古城虎踞
徐州：彭城
连云港：淮口巨镇、东南名郡
扬州：芜城
常州：中吴要辅
无锡：小上海
苏州：姑苏城，上有天堂、下有苏杭
泰州：汉唐古郡、淮海名区
仪征：风物淮南第一洲
兴化：水乡、锅底洼
靖江：苏北小江南
丹阳：江南文物之邦
句容：南京东南门户
江阴：延陵古邑、春申旧封
宜兴：中国陶都、洞天世界
常熟：水乡

昆山：鹿城
杭州：上有天堂、下有苏杭，武林，丝绸之府
温州：鹿城
绍兴：蠡城
嘉兴：丝绸之府、水乡泽国、鱼米之乡
湖州：丝绸之府、鱼米之乡
衢州：柯城
舟山：千岛之城、祖国渔都
富阳：鱼米之乡、文化之邦
余杭：丝绸之府、鱼米之乡、花果之地、文物之邦
慈溪：浙江棉库粮仓
嵊州：越剧故乡
海宁：皮具之都、潮城
平湖：金平湖
东阳：百工之乡、人才市
义乌：小商品城、糖乡
永康：五金城
江山：东南锁钥、入闽咽喉
合肥：淮右襟喉、江南齿唇，江南之首，中原之喉
淮北：淮北煤城
芜湖：鸠江
马鞍山：江南钢城
铜陵：江南铜都
蚌埠：珠城
黄山：徽州
滁州：皖东门户
桐城：七省通衢
福州：温泉城、花果鱼米之乡、三山、榕城
厦门：鹭岛、鹭江
莆田：荔城、田径之乡、侨乡、戏曲之乡、鞋城
泉州：鲤城、刺桐城
漳州：芗城、花果之乡、华侨之乡、水仙花之乡
南平：理学之邦、绿色宝库
龙岩：金山银水
福清：玉融

永安：燕江、燕城
石狮：闽南明珠、服装城
晋江：侨乡、海滨邹鲁
邵武：铁城、武夷山下一明珠
建瓯：金瓯宝地、绿色金库
建阳：潭城之城、潭阳
漳平：金山银水绿宝
福安：韩城
武夷山：世界生物之窗
南昌：灌婴城、灌城、英雄城
景德镇：瓷都
萍乡：江南煤城
九江：浔阳、九省通衢、江州
上饶：豫章第一门户
德兴：百里林区、绿色宝库
宜春：湖赣孔道、吴楚咽喉
丰城：剑邑、煤海粮仓金丰城
樟树：药都、酒乡、盐化城
抚州：才子之乡
井冈山：革命摇篮
瑞金：红色首都
济南：泉城、一城山水半城湖
青岛：岛城
潍坊：风筝城
烟台：葡萄酒城
威海：海上花园城
日照：欧亚大陆（又一）桥头堡
德州：九达天衢、神京门户
临沂：齐鲁之襟喉
寿光：蔬菜之乡、盐都
莱阳：梨乡
莱州：胶东粮仓
蓬莱：人间仙境
招远：金城天府、银丝之乡
曲阜：孔子之乡、礼仪之邦

文登：天福胜地

乳山：金岭银滩

乐陵：枣乡

滨州：渤海明珠

菏泽：书画之乡、武术之乡、戏曲之乡、牡丹城

聊城：凤凰城、江北都会

六安：皋城

郑州：铁路心脏、九州腹地、十省通衢、二七名城

开封：七朝古都

洛阳：九朝古都、牡丹城

安阳：豫北门户

许昌：烟城

南阳：帝乡

巩义：东都锁钥、河南第一县

荥阳：东京襟带、三秦咽喉

登封：文物之乡

禹州：天下名都

灵宝：金城、果乡

驻马店：交通要塞、豫南重镇

武汉：九省通衢、火炉

黄石：十里钢城，百里矿山

十堰：汽车城

宜昌：三峡门户、川鄂咽喉

荆州：三楚名镇

襄樊：四省通衢

荆门：荆楚门户

随州：湖北粮仓、汉襄咽喉、荆豫要冲、鄂北重镇

仙桃：江汉明珠、鄂中宝地

天门：三乡宝地

丹江口：江汉明珠

当阳：鱼米之乡

石首：鱼米之乡

老河口：汉水明珠

枣阳：帝乡

宜城：八省通衢

咸宁：桂花之乡、楠竹之乡、茶叶之乡
赤壁：竹乡、茶乡、麻乡、鱼米之乡、千年古县，楚天新市
武穴：鄂东门户
长沙：潭城、湘绣之乡
湘潭：锰都
衡阳：湖南门户
益阳：竹城
郴州：湘南胜地、湖南明珠
怀化：油茶之乡
浏阳：花炮之乡
醴陵：瓷城、湘东门户
湘乡：龙城
常宁：油茶之乡、有色金属之乡
临湘：湘北门户
津市：九澧门户、湘北明珠
沅江：鱼米之乡、水乡橘城
资兴：江南煤田
冷水江：世界锑都
洪江：小南京
信阳：淮河第一城、楚头豫尾
威远：婆城
安国：药都
太原：龙城、霸府、中原北门、四塞之地
长治：与天同党
吉林：江城、北国江城
邯郸：冀南明珠、中原粮仓
抚顺：昔日煤都
大同：煤都
西安：十三朝古都、帝王之州
汉中：天汉、西北小江南
广元：女皇故里
广州：羊城、花城、五羊城
深圳：鹏城
珠海：百岛之城
汕头：鮀岛、华南要冲、粤东门户、侨乡

韶关：绿色宝库、有色金属之乡
茂名：南方油城（过去）
惠州：鹅城
乐昌：广东北大门
南雄：恐龙之乡、黄烟之乡
南宁：绿色城市、花园城市、天下民歌眷恋的地方
柳州：龙城、桂中商埠
桂林：山水甲天下
梧州：水上门户、小香港、百年商埠
贵港：糖城、荷城
凭祥：祖国南大门
玉林：岭南都会、自行车之乡
北流：荔枝之乡、陶瓷之乡、水泥之乡、泥水（建筑业）之乡
百色：鹅城、凤凰城、田七之乡
钦州：大蚝之乡
琼山：琼州第一县
文昌：文化之乡、椰子之乡、排球之乡
化州：橘乡
成都：锦城、芙蓉城
自贡：盐都、恐龙之乡
攀枝花：富甲天下聚宝盆、钒钛之都
泸州：酒城
绵阳：剑门锁钥、蜀道咽喉
内江；甜城
遂宁：东川巨邑、川中重镇、小成都、纺织城
南充：丝绸之乡、川北重镇
宜宾：万里长江第一城、名酒之都、戎城
彭州：蜀中膏脂、天府金盆
邛崃：天府南来第一州
广汉：川西明珠
绵竹：小成都
江油：小成都、水泥之乡
简阳：天府雄州
阆中：江山奇秀闻天下
万源：秦川锁钥

雅安：雨城、川藏门户、民族走廊
西昌：卫星城、月城
重庆：山城、雾都、火炉
万州：川东门户（曾经）、江城
合川：小重庆
江津：柑橘之乡、瀑布之乡
涪陵：榨菜之乡
贵阳：第二春城
六盘水：西南煤海
毕节：川滇黔要冲
遵义：酒乡
赤水：楠竹之乡
铜仁：黔东重镇、黔东门户
安顺：黔之腹，滇之喉
清镇：珠联璧合之地
福泉：磷海
昆明：春城、花之都、天然花园
安宁：连然金方，螳川宝地
昭通：小昆明、果城
曲靖：麒麟城、滇东重镇
玉溪：云烟之乡、花灯之乡
大理：东方瑞士、文献名邦
楚雄：省会屏障
个旧：锡都
开远：滇南重镇、天然温室
拉萨：日光城
凯里：苗家谷仓
宜宾：万里长江第一城、名酒之都、戎城
泸州：酒城
自贡：盐都、恐龙之乡
绵阳：剑门锁钥、蜀道咽喉
无锡：小上海
安阳：豫北门户
十堰：汽车城
襄樊：四省通衢

咸宁：桂花之乡、楠竹之乡、茶叶之乡
武汉：九省通衢、火炉
台湾：中国宝岛
香港：东方之珠
昆明：春城、花之都、天然花园
南昌：英雄城
抚州：才子之乡

【项目实践】
实践内容：学生以个人为单位，进行不同场景的旅途运用比赛。
能力要求：尝试在导游词讲解中插入旅途知识。

参考文献

[1] 李洪岩. 诗歌朗诵技巧[M]. 北京：中国广播影视出版社，2012.
[2] 王浩瑜. 跟我学朗读[M]. 上海：上海教育出版社，2020.
[3] 郭玉斌. 朗诵艺术的技巧与赏析[M]. 北京：文化艺术出版社，2006.
[4] 伍振国，关瀛. 朗诵训练指导[M]. 北京：中国广播电视出版社，2018.
[5] 刘秀梅，张福海. 戏剧鉴赏[M]. 上海：上海教育出版社，2011.
[6] 梁伯龙. 戏剧表演基础:戏剧卷[M]. 北京：文化艺术出版社，2017.
[7] 朱栋霖. 大学戏剧鉴赏[M]. 上海：华东师范大学出版社，2010.
[8] 李世儒. 从零起步学快板轻松入门[M]. 上海：上海音乐学院出版社，2015.
[9] 汤克夫. 非洲手鼓入门一本通[M]. 北京：化学工业出版社，2020.
[10] 赵铁春，韩萍. 中国民族民间舞传习[M]. 上海：上海音乐出版社，2018.
[11] 张志萍. 傣族舞蹈教程[M]. 北京：中央民族大学出版社，2000.
[12] 白竹. 中国文化知识精华一本全[M]. 北京：北京联合出版公司，2014.
[13] 王增. 咬文嚼字幽默笑话350则[M]. 上海：金盾出版社，2004.
[14] 吴维根. 民间幽默笑话300则[M]. 上海：金盾出版社，2004.
[15] 吴岫明. 中国民歌赏析[M]. 北京：高等教育出版社，2016.
[16] 王成筷. 中外民歌500首[M]. 重庆：西南师范大学出版社，2016.
[17] 李灵资. 旅游说笑顺口溜[M]. 北京：旅游教育出版社，2015.
[18] 黄明亮，赵利民，万剑敏. 导游旅途才艺宝典[M]. 北京：旅游教育出版社，2007.
[19] 李灵资. 趣味导游顺口溜[M]. 北京：旅游教育出版社，2005.
[20] 夏兰. 中国戏曲文化[M]. 北京：时事出版社，2007.
[21] 蒋小华. 导游艺术与技巧[M]. 重庆：重庆大学出版社，2009.
[22] 张文祥. 旅游文化[M]. 北京：中国财政经济出版社，2005.
[23] 刘爱月，崔志英. 导游讲解技能[M]. 北京：中国铁道出版社，2013.